SUSHI

KATSUJI YAMAMOTO
UND ROGER W HICKS

SUSHI

KATSUJI YAMAMOTO
UND ROGER W. HICKS

KÖNEMANN

Originalausgabe © 1990 Quintet Publishing Limited
6 Blundell Street
London N7 9BH

Original title: Step by Step Sushi

Editor: Beverly LeBlanc
Photographer: Steve Alley
Illustrations: Lorraine Harrison

© 2000 für die vorliegende kleinformatige deutsche Ausgabe:
Könemann Verlagsgesellschaft mbH
Bonner Str. 126, D–50968 Köln

Übersetzung aus dem Englischen: Birgit Lamerz-Beckschäfer, Datteln
Redaktion und Satz der deutschen Ausgabe:
Königsdorfer Medienhaus, Frechen

Druck und Bindung: Midas Printing Limited
Printed in Hong Kong

ISBN 3-8290-4806-8

10 9 8 7 6 5 4 3 2 1

INHALT

Einführung	6	Heilbutt (*hirame*) und Lachs (*sake*)	58
Nigiri-zushi und *maki-zushi*	8	Fritierter Tofu (*inari*)	60
Andere Arten von Sushi und Sashimi	10	Makrele (*saba*) und Alse (*kohada*)	62
Sushi-Bars	12	Oktopus (*tako*)	64
Tee	14	Rainbow Roll (Regenbogenrolle)	66
Getränke, passend zu Sushi	16	Fischrogen	68
Sushi und Gesundheit	18	Jakobsmuscheln (*hotate-gai*) und	
Sushi selbst zubereiten	20	Austern (*kaki*)	70
Küchengeräte	22	»Verstreute« Sushi (*chirashi-zushi*)	72
Sushi-Techniken	24	Seebrasse (*tai*)	74
Fischkauf	26	Meeraal (*anago*) und Aal (*unagi*)	76
Filetieren	28	Seeigel (*uni*)	78
Die Gemüse	32	Hummerkrabben (*ebi*)	80
Weitere Zutaten	34	Räucherlachs	82
Dashi und Suppen	36	Pikante Sushi	84
Kampyō und *Shiitake*-Pilze	38	Tintenfisch (*ika*)	86
Garnieren	40	*Temaki*	88
Sushi-Reis	42	Tigerauge	90
Die Technik für *nigiri-zushi*	44	Thunfisch (*maguro*), Gelbschwanzfisch	
Die Technik für *maki*	46	(*hamachi*), Blaufisch (*katsuo*) und	
Abalone (*awabi*)	48	Schwertfisch (*ma-kajiki*)	92
California Roll und Vegetarische Rolle	50	Die vier Jahreszeiten	94
Muscheln	52	Glossar	95
Omelette (*tamago*)	54	Register	96
Dicke Rollen (*futo-maki*)	56		

Den Japanern sagt man neben einem ausgeprägten Sinn für Schönheit auch eine Vorliebe für komplizierte Abläufe nach. Ein typisches Beispiel dafür ist die berühmte japanische Teezeremonie.

Sushi können fast ebenso kompliziert sein wie die Teezeremonie, wenn man sich die Mühe macht, in ihre Geschichte einzutauchen und alle japanischen Ausdrücke zu lernen. Um ein Meister der Sushi-Zubereitung *(itamae)* zu werden, braucht es viele Jahre, aber man kann genügend über Sushi lernen, um sie auch zu Hause selbst herzustellen.

EINFÜHRUNG

In diesem Buch lernen Sie vor allem, Sushi *selbst* herzustellen, doch um Spaß an Ihrem eigenen Geschick zu haben, sollten Sie auch in der Lage sein, Sushi im Restaurant zu würdigen. Es gibt alle möglichen Gepflogenheiten, die man nicht immer sofort durchschaut. So essen manche Leute jahrelang fertig zusammengestellte Sushi-Platten, ohne zu merken, daß eine à-la-carte-Bestellung jeweils nicht nur ein, sondern zwei Stücke umfaßt. Wenn man à la carte ißt, bestellt man zunächst nur einige wenige Sushi, dann noch ein paar – die Mahlzeit ist erst beendet, wenn der *itamae* Sie fragt, ob Sie noch mehr möchten, und Sie ablehnen.

Es lohnt sich auch, etwas über die Geschichte der Sushi zu wissen. Nach einer Version hat man den Reis ursprünglich verwendet, um den Fisch haltbar zu machen, und ihn vor dem Verzehr des Fisches weggeworfen. Manche Leute fanden aber Geschmack an dem Reis, und so entstanden Sushi. In der Tat gibt es Gerichte aus vergorenem Fisch in vielen Teilen Asiens, auch in Japan: nare-zushi. (Wenn ein zweiter Begriff hinzutritt, schreibt man nicht mehr »sushi«, sondern »zushi«.) Einer anderen, vor 1 200 Jahren aufgezeichneten Version zufolge, soll man Kaiser Keiko eines Tages rohe Muscheln in Essig serviert haben; sie schmeckten ihm so ausgezeichnet, daß er den Erfinder zu seinem Oberhofkoch ernannte.

Egal, was zutrifft, Sushi sind jedenfalls sehr beliebt und gewinnen immer neue Liebhaber. Selbst Leute, die sich mit rohem Fisch zunächst nicht anfreunden können, lassen sich umstimmen, wenn sie merken, daß Sushi es an Zartheit und Aroma mit dem feinsten Filetstück aufnehmen können. Selbst wenn man exotischere Varianten wie Oktopus oder Seeigel nicht probieren möchte, ist die Auswahl mit Thunfisch und Gelbschwanzfisch, diversen vegetarischen Zubereitungen oder einer »koscheren« Rolle aus Räucherlachs und Frischkäse immer noch groß genug.

SUSHI

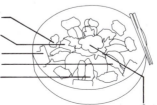

1. Archenmuschel (Seite 52)
2. Thunfisch (Seite 92)
3. Hummerkrabbe (Seite 80)
4. Makrele (Seite 62)
5. Omelette (Seite 54)
6. Pikante Thunfischrolle (Seite 84)

NIGIRI-ZUSHI
UND
MAKI-ZUSHI

Die im Westen bekannteste und auch in Japan beliebteste Sushi-Art sind *nigiri-zushi* oder handgeformte Sushi. Als schneller, leichter Imbiß waren sie schon vor 200 Jahren populär.

Wenn man »Sushi« sagt, meint man meist *nigiri-zushi*, die theoretisch die einfachste Sushi-Version sind. Der Koch schneidet ein Stück rohen Fisch zu (oder eine andere der vielen möglichen Zutaten), bestreicht die Unterseite mit etwas *wasabi* (japanischer Meerrettich) und legt es auf einen fingerlangen Bissen gesäuerten Klebreis. Bei manchen Sorten umwickelt er das Ganze noch mit einem Streifen *nori* (getrocknetem Seetang). Der Bissen hält zusammen, solange man ihn mit der Hand oder mit Stäbchen balanciert, zergeht jedoch im Mund sofort auf der Zunge. Natürlich ist die Zubereitung nicht ganz so einfach, wie sie aussieht, aber durchaus erlernbar, so daß Sie sich ohne weiteres auch zu Hause erfolgreich daran versuchen können.

Ist der Belag weich oder halbflüssig, wie es zum Teil bei Fischrogen und Seeigel der Fall ist, baut der Koch einen kleinen »Wall« aus *nori* rund um den Reisbissen. Solche Sushi nennt man aufgrund ihrer Form *gunkan-maki* – »Schlachtschiff-Sushi«.

An zweiter Stelle der Beliebtheitsskala stehen vermutlich gerollte Sushi *(maki-zushi)*. Es gibt sie in unzähligen Variationen, und oft entwickeln Sushi-Köche eigene Spezialitäten. Die einfachste Form besteht aus einem Blatt *nori*, das mit Klebreis bestrichen wird. In die Mitte legt man Fisch, Avocado oder Gurkenstreifen und rollt alles mit Hilfe einer biegsamen Bambusmatte zu einer soliden Rolle auf, die dann in Stücke geschnitten und – in vornehmen Restaurants – zu kunstvollen Mustern arrangiert wird.

Die interessanteste gerollte Sushi-Version hat eine zusätzliche Schicht Reis an der Außenseite des *nori*-Blattes und darum herum Fisch oder auch Avocadostückchen. Bei diesen Sushi demonstriert der Koch sein ganzes Können. Eine alltäglichere Version von *maki-zushi* sind handgerollte *temaki*, die aus *nori* und Klebreis wie ein Eishörnchen geformt und mit allem gefüllt sind, was dem Gast oder dem Koch gefällt. Genau genommen müßten alle *maki*, die nicht mit der Bambusmatte aufgerollt werden, als *temaki* bezeichnet werden. Von allen gerollten Sushi bestellt man in Restaurants jeweils eine Rolle, die in bis zu acht Stücke zerteilt wird.

Schließlich gibt es noch verschiedene andere Versionen handgeformter Sushi, so beispielsweise *inari* (fritierte gefüllte Tofutaschen), Tigerauge (gefüllter Tintenfisch, siehe Seite 90) und gegarte Sushi.

9
SUSHI

1. Maki mit Thunfisch (Seite 84)
2. Gelbschwanzfisch (Seite 92)
3. Thunfisch (Seite 92)
4. Gekochter Tintenfisch (Seite 86)
5. Hummerkrabbe (Shrimp; Seite 80)
6. Oktopus (Seite 64)
7. Makrele (Seite 62)
8. Omelette (Seite 54)
9. Seeaal (Seite 76)

*Hako-zushi (Kasten-Sushi)
werden in speziellen Holzkästchen gepreßt, bei denen
Deckel und Boden lose sind.*

ANDERE ARTEN VON SUSHI UND SASHIMI

»Verstreute« Sushi *(chirashi-zushi)*

Trotz des Namens werden die Zutaten bei dieser Version (übrigens die einfachste Art, Sushi herzustellen) keineswegs achtlos auf dem Sushi-Reis verstreut.

Chirashi-zushi kann man praktisch mit allem belegen. Neben Fisch eignen sich Gemüse, Omelette, Huhn, Rührei oder *Shiitake*-Pilze (siehe Seite 72).

Gedämpfte Sushi *(mushi-zushi)*

Wenn man *chirashi-zushi* mit rohem, gesäuertem Reis zubereitet (Rezept für Sushi-Reis auf Seite 42) und in einer Schale 15 Minuten dämpft, nennt man das fertige Gericht *mushi-zushi*. Es ist eine der wenigen Sushi-Arten, deren Reste man aufgewärmt essen kann.

Kasten-Sushi *(hako-zushi)*

Für die Zubereitung von *hako-zushi* benötigt man einen entsprechenden Holzkasten, wie er auf dem nebenstehenden Bild zu sehen ist. Man kann *hako-zushi* mit nur einer Fischart oder mit mehreren verschiedenen Sorten zubereiten, sie unterscheiden sich jedoch von *nigiri-zushi* insofern, als Reis und Fisch zu einem einzigen großen Block verpreßt und anschließend zum Servieren in Scheiben geschnitten werden.

Vergorene Sushi *(nare-zushi)*

Nare-zushi dürften eine der Urformen von Sushi sein. Auch wenn sie noch immer in einigen Gegenden Japans gegessen werden, ist ihr Geschmack gewöhnungsbedürftig, außerdem sind sie für den Hausgebrauch umständlich zuzubereiten. Manche Sorten fermentierter Sushi benötigen bis zu einem Jahr, bis sie das richtige Reifestadium erreicht haben.

Sashimi

Sashimi sind im Grunde Sushi ohne Reis. Der Fisch kann roh oder gekocht, mariniert oder unmariniert verarbeitet werden. Einige Sorten sind etwas gewöhnungsbedürftig: Kleine Tintenfische schmecken zwar köstlich, sehen aber für den westlichen Geschmack zunächst nicht besonders appetitlich aus. Gelegentlich serviert man Sashimi als Vorspeise zu Sushi oder gekochten Speisen oder auch allein.

So sieht ein itamae *die Welt, wenn er hinter der Theke der Sushi-Bar steht.*

SUSHI-BARS

Viele Restaurants servieren Sushi, man kann sie auch – wie in diesem Buch vorgestellt – zu Hause zubereiten, der echte Sushi-Fan (japanisch *tsu*) jedoch ißt sie am liebsten in Sushi-Bars.

Ursprünglich waren diese Bars Stehimbisse, wo man unterwegs, auf dem Heimweg von der Arbeit oder in den Theater-Pausen einkehrte und an der Theke rasch einen Snack verzehrte. Seither haben sich Sushi-Bars erheblich weiterentwickelt. Die teuersten können sich durchaus mit französischen Restaurants messen, am unteren Ende der Skala gibt es jedoch noch immer sehr einfache Lokale. Es gibt sogar mechanische Sushi-Bars, wo der *itamae* in der Mitte eines Förderbandes steht und die fertigen Gerichte langsam an den rundherum sitzenden Gästen vorbeigefahren werden. Die Teller sind verschiedenfarbig markiert, und die Rechnung wird anhand der Zahl der Teller und der Farbkodierung erstellt.

Die klassische Sushi-Bar serviert ausschließlich Sushi und hat neben dem eigentlichen Tresen keine Tische. Außerhalb Japans gibt es solche Lokale nur sehr selten. Doch der echte *tsu* – oder wer es werden möchte – wird stets an der Bar essen, denn dort schmecken die Sushi am besten.

Serviert wird dazu immer *wasabi*, eine grüne Paste, die als japanischer Meerrettich (weil sie aus einer Wurzel gemacht wird) oder japanischer Senf (weil sie scharf ist) bezeichnet wird, ferner *gari*, also eingelegte Ingwerscheiben. *Gari* ist auch unter dem Namen *sudori shōga* bekannt, der echte Sushi-Fan wird aber immer das kürzere Wort benutzen. Meistens reicht man Ihnen zunächst ein heißes Tuch, mit dem Sie sich die Hände reinigen können; traditionell geschah das mit fließendem Wasser. Wenn man Ihnen nicht automatisch Tee bringt, bitten Sie darum. Wenn Sie irgendetwas anderes trinken möchten, geben Sie nun Ihre Bestellung auf (siehe nächste Doppelseite).

Viele Sushi-Bars haben eine Liste der angebotenen Sushi-Sorten, und Sie können zusammen mit der Bedienung oder dem *itamae* persönlich ankreuzen, was Sie bestellen möchten. Man ißt Sushi nicht nach einer bestimmten Reihenfolge, bestellen Sie einfach, was Sie mögen. Fragen Sie den *itamae* ruhig, was er besonders empfiehlt. Verwenden Sie zum Essen entweder die Stäbchen oder die Finger. Nehmen Sie sich zwischendurch etwas Ingwer und nippen Sie am Tee, um den Gaumen zu erfrischen. Übrigens: *Sake* trinkt man *vor* dem nächsten Bissen, nicht nachher.

TEE

1 Die Teekanne anwärmen und dann pro Person einen gehäuften Teelöffel Blätter hineingeben.

2 Wasser aufkochen, etwas abkühlen lassen und über die Teeblätter gießen. Zugedeckt 1–2 Minuten ziehen lassen.

3 Die Teetassen anwärmen und zu etwa zwei Dritteln mit Tee füllen, den Deckel der Kanne dabei festhalten.

Puristen trinken zu Sushi ausschließlich Tee, und zwar selbstverständlich japanischen Grüntee, nicht etwa indischen oder chinesischen. Man trinkt ihn pur, ohne Zucker oder sonstige Zusätze.

Japanischer Tee wird in mehreren Qualitätsstufen angeboten, und die einfachste, *bancha*, ist für Sushi vollkommen ausreichend. Manche bevorzugen den feineren *sencha*, während man die hochwertigen *hikicha* und *gyokuro*-Tees normalerweise nicht zu Sushi serviert, da ihr Aroma vom Fisch erschlagen würde.

Alle japanischen Teesorten haben gemeinsam, daß das Wasser beim Aufgießen *nicht* kochen darf. Als Faustregel gilt: Je teurer der Tee, desto kürzer läßt man ihn ziehen und desto niedriger sollte die Wassertemperatur liegen. Das bedeutet 1–2 Minuten bei etwa 65 °C für *gyokuro*, 2 Minuten bei 75–80 °C für *sencha* und 2–3 Minuten kurz vor dem Siedepunkt für *bancha*. Von *bancha*-Blättern macht man manchmal noch einen zweiten Aufguß.

Wenn Teeblätter verwendet werden, sollten sie weder oben schwimmen, was auf zu kurze Brühzeit schließen läßt, noch zu Boden sinken, was auf eine zu lange Brühzeit hindeutet. In einer perfekten Tasse Tee sollten die Blätter in der Mitte der Tasse schweben; stehen sie gar senkrecht, gilt dies als glückliches Omen.

In Sushi-Bars brüht man Tee meist aus Pulver auf, denn das geht schneller. Er sollte immer in großen *yunomi*-Bechern serviert und stets unaufgefordert nachgefüllt werden, so daß man immer einen halbvollen oder vollen Becher neben den Sushi stehen hat. Wenn man sich zu Tisch setzt, bringt der *itamae* oder einer seiner Gehilfen in der Regel automatisch Tee; wenn nicht, bitten Sie ihn darum.

4 Zum Trinken nimmt man die Tasse in die rechte Hand und stützt sie mit der linken. Es ist üblich, beim Teetrinken ein leises Schlürfen hören zu lassen, vor allem, wenn er heiß ist.

GETRÄNKE,
PASSEND
ZU SUSHI

Beim sake-Trinken gehört es zum guten Ton, daß man stets die Schale des Nachbarn, keinesfalls aber die eigene nachfüllt. In Japan steht eine sake-Schale nie lange leer. Man füllt sie bis zum Rand, und theoretisch sollte das Schälchen jeweils in einem Zug geleert werden. Der Trinkspruch dazu lautet: »Kampai!«

Eigentlich wird zu Sushi traditionell nur Tee getrunken, doch oft gibt es auch einen alkoholischen Aperitif vorweg. Zu Sushi wird meist *sake* (Reiswein) oder Bier getrunken. Puristen werden trockenen *sake* bevorzugen, doch wie die Reklame in Sushi-Bars zeigt, möchten die japanischen Brauereien dies gern zu ihren Gunsten ändern: Sapporo, Kirin und Asahi umwerben den Gast mit Abbildungen der verschiedenen Sushi – auf einer Bierkarte.

Als Alternative zu *sake* oder Bier trinken Japaner manchmal Whisky. Scotch wird am meisten geschätzt, doch gibt es mittlerweile auch japanischen Whisky von guter Qualität. Eine der besten Marken ist Suntory.

Wenn Sie *sake* für zu Hause kaufen, lassen Sie sich trockenen *kara kuchi* geben, und denken Sie daran, daß die Klassifizierung (spezial, erst- und zweitklassig) sich eher auf den Alkoholgehalt als auf den Geschmack bezieht. *Sake* enthält 16–19 % Alkohol. *Mirin* ist *sake* zum Kochen, nicht zum Trinken.

Sake wird gelegentlich eisgekühlt, meist aber warm oder heiß serviert. Zum Erhitzen füllt man ihn in *sake*-Fläschchen und hält diese in knapp siedendheißes Wasser. Schneller geht es natürlich in der Mikrowelle! Die Temperatur soll bei 36–40 °C liegen.

Japanisches Bier bekommt man in den meisten ausländischen Bars und Restaurants. Sehr gut eignet sich aber auch deutsches Bier oder sogar Irish Stout wie beispielsweise Guinness. Whisky paßt erstaunlich gut zu Sushi, vor allem die kräftigen Sorten.

Wenn Sie Wein trinken möchten, probieren Sie etwas Kräftiges, etwa einen trockenen Sherry, oder einen Weißwein. Rotwein paßt in der Regel nicht zu Sushi, wenn Sie aber Rosé mögen, könnte er durchaus dazu schmecken.

Sake *wird in kleinen Fläschchen serviert und aus winzigen Porzellanschalen getrunken. Zum Einschenken hält man sein Schälchen mit der rechten Hand etwas hoch und stützt es mit der linken ab.*

SUSHI UND GESUNDHEIT

Fische und Meeresfrüchte werden seit langem von Fachleuten als gesunde Kost gepriesen. Nur sehr wenige Ernährungshandbücher gehen allerdings speziell auf die Vorzüge von Sushi ein.

Zunächst einmal enthält roher Fisch viele Nährstoffe, darunter auch Spurenelemente und Vitamine, die beim Garen ganz oder teilweise zerstört würden.

Zum zweiten sind Sushi genau richtig für jeden, der auf seinen Cholesterinspiegel achten muß. Die einzige wichtige Ausnahme bildet *tamago* (Omelette).

Drittens sind Sushi sehr kalorienarm. Man kann allerdings die Kalorienzahl nicht exakt pro Stück angeben – wegen der Verschiedenartigkeit der Zutaten, und wegen der unterschiedlichen Größe der Stücke, denn in manchen Restaurants sind die Sushi doppelt so groß wie in anderen. Pro Bestellung von zwei einzelnen Sushi oder einer Rolle dürfte die Kalorienzahl unter 100 liegen, oft weit niedriger.

100 g Sushi-Reis enthalten 80–130 Kcal, 100 g Fisch zwischen 65 und 265 Kcal. Lediglich der fetteste Thunfisch liegt etwas darüber, während Meeresfrüchte und magere Fische dem unteren Wert erheblich näher kommen. Die übrigen Zutaten wie *kombu* oder *nori* (Seetang), *gari* (eingelegter Ingwer) und *wasabi* (japanischer Meerrettich bzw. Senf) sind ebenfalls keine Dickmacher.

Eine gehaltvolle Mahlzeit umfaßt ein halbes Dutzend Bestellungen; wenn Sie dazu Tee trinken, der ja kalorienfrei ist, nehmen Sie vielleicht 500 Kalorien zu sich. Wer sich ein üppiges Festmahl mit einem Dutzend Bestellungen und drei Flaschen *Sake* gönnt, kommt allerdings leicht auf satte 1 500 Kalorien.

Negativ sind lediglich drei Aspekte: Salz, Parasiten und *fugu* (Kugelfisch). Roher Fisch ist relativ salzig, und die Sojasauce tut ihr übriges, um den Natriumgehalt der Speisen in die Höhe zu treiben. Wenn Sie Sushi zu Hause zubereiten, können Sie mit Salz sparen oder einen Salzersatz verwenden. Parasiten sind in verschiedenen Fischarten zu finden, vor allem beim Lachs (deshalb ißt man in Japan keinen). Durch Tiefgefrieren soll man sie allerdings abtöten können. Beim berühmten *fugu* oder Kugelfisch ist in Leber und Eierstöcken ein tödliches Gift enthalten, und in Japan sterben jedes Jahr etwa 200 Menschen, weil sie unsachgemäß zubereiteten *fugu* gegessen haben, obwohl er nach dem Gesetz nur von behördlich zugelassenen *itamae* zubereitet werden darf. Auch wenn das Risiko gering ist, sollten Sie im Zweifelsfall dieses Gericht lieber nicht bestellen.

Der zur großen Familie der thunfischähnlichen Fische gehörende Gelbschwanzfisch *(Seite 92/93) kommt aus dem Pazifik und ist einer der fettesten Fische. Die abgebildete Portion enthält 80–90 Kalorien. Da man aber jeweils nur eine Sorte Sushi bestellt, hat man Zeit, das Essen zu genießen – und sich zu fragen, ob eine zehnte Portion wirklich noch nötig ist ...*

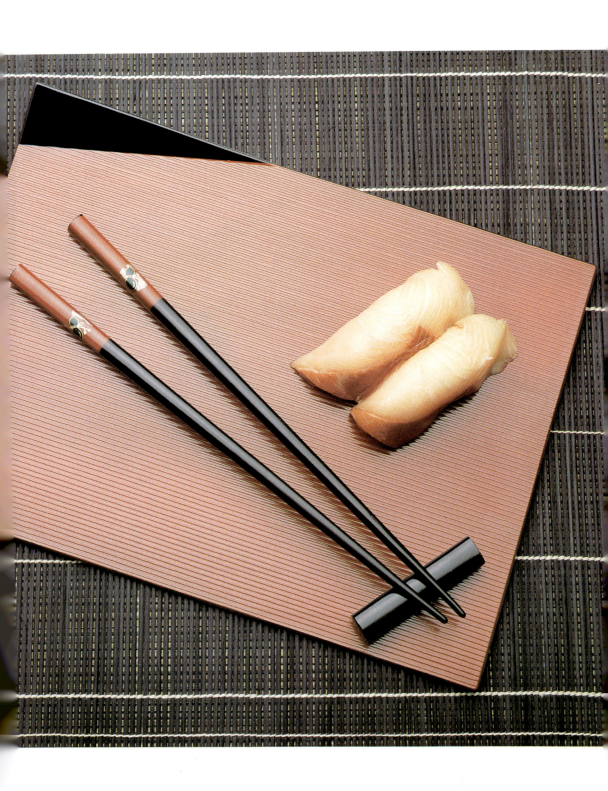

SUSHI SELBST ZUBEREITEN

Der zweite Teil dieses Buches zeigt im wesentlichen, wie man Sushi zu Hause selbst zubereiten kann. Zuvor möchte ich jedoch noch einige wichtige generelle Fragen ansprechen.

Zunächst einmal werden nicht alle Sushi roh gegessen. Auch wenn ein Belag roh serviert werden kann, etwa Tintenfisch, gibt es andere, oft ältere Zubereitungsarten, die diese Zutat gekocht verwenden, und die von vielen *tsu* bevorzugt werden.

Bei einigen Meeresfrüchten, vor allem Hummerkrabben (Garnelen), wird nur absolut frische Ware roh serviert. Überraschend viele der heutzutage angebotenen Sushi werden aus Tiefkühlware angerichtet. Selbst roh servierte Hummerkrabben kommen unter Umständen aus dem Gefrierfach.

Viele der für Sushi verwendeten Fischarten und vor allem Meeresfrüchte werden *ausschließlich* abgepackt und tiefgefroren verwendet, es sei denn, man geht in die teuersten Sushi-Bars Japans. Bei abgepackten Zutaten beschränkt sich die Vor- und Zubereitung des Fischs auf langsames, allmähliches Auftauen (über Nacht im Kühlschrank).

Es gibt zahlreiche alternative Zutaten und lokale Varianten. Lachs etwa wird in Kalifornien häufig, in Japan dagegen so gut wie nie für Sushi verwendet. Deshalb ist Lachs auch in diesem Buch nicht mit einem eigenen Kapitel vertreten, sondern wird zusammen mit dem Heilbutt vorgestellt. Soweit möglich, werden auch andere, in gleicher Weise zubereitete Fische unter einem Oberbegriff zusammengefaßt.

Angesichts der zunehmenden Popularität, derer sich Sushi erfreuen, wird Fisch inzwischen regelmäßig per Luftfracht in alle Teile des Globus transportiert. Gerade die Japaner kaufen ihn überall auf der Welt ein. Andererseits ist der Besuch vieler Sushi-Bars in Tokio für den durchschnittlichen Japaner völlig unerschwinglich geworden. Doch nicht alle Arten von Sushi sind teuer. Das aus geformtem und gewürztem Weißfisch hergestellte »Crabmeat« läßt sich zu einem ebenso leckeren wie preiswerten Sushi-Belag verarbeiten. Ohnehin ist es für jemanden, der Sushi selbst zubereiten möchte, bequemer, nur wenige Fischsorten zu verwenden und sie statt als Hauptgericht nur als Vorspeise zu reichen.

Bei den hier vorgestellten Rezepten für gegarte Speisen sollten Sie eher die Reihenfolge und die Zeitvorgaben beachten als exakte Mengenangaben. Vor allem Zucker, Salz und Sojasauce können nach persönlichem Geschmack variiert werden.

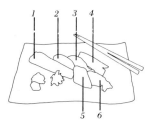

Sushi, die man leicht zu Hause zubereiten kann:
1. Gemüse-*temaki (Seite 88);*
2. Hummerkrabbe *(Seite 80);*
3. Gelbschwanzfisch *(S. 92);*
4. geformtes Crabmeat;
5. gunkan-maki;
6. blanchierte daikon-*Sprossen*

KÜCHEN-
GERÄTE

Das wichtigste Arbeitsmaterial ist reichlich fließendes Wasser, denn man muß Hände, Messer, Lappen und Bambusmatte häufig abspülen.

Das *manaita* (Hackbrett) kann aus allen möglichen Materialien bestehen. Traditionell ist es aus Holz, Kunststoff tut es aber auch. Es sollte etwa 30 × 45 cm groß sein. Da man Fischgeruch aus einem Holzbrett nur schlecht wieder herausbekommt, sollten Sie ein Brett (oder eine Brettseite) ausschließlich Fischen und Meeresfrüchten vorbehalten.

Ein Sushi-Küchenmeister hat stets eine Auswahl von Messern *(bōchō)* zur Hand. Meist arbeitet er mit dreien davon: dem Allzweckmesser *banno-bōchō*, dem Hackmesser *deba-bōchō* und dem viereckigen *nakiri-bōchō*, mit dem Gemüse geschnitten wird. Darüber hinaus gibt es noch viele andere Formen. Zwei der wichtigsten: das lange, dünne *sashimi-bōchō*, mit dem entgrätete Fischfilets in dünne Scheiben geschnitten werden, und *sushikiri-bōchō* (üblicherweise *yanagi* genannt).

In der Praxis kann für die meisten Dinge ein langes, leichtes Küchenmesser verwendet werden. Wählen Sie eine Größe, die Ihnen zusagt. Schleifen Sie die Schneide rasiermesserscharf. Wenn Sie versuchen, Sushi mit einem stumpfen Messer zu schneiden, reißt das Gewebe, die Schnittflächen werden fransig, und die Sushi sehen unschön aus.

Zum Abtropfen der Lebensmittel benötigen Sie ein *zaru* (Sieb). Ein Plastikdurchschlag reicht völlig aus.

Weiter benötigen Sie eine *makisu* (Bambusmatte), eine Omelettepfanne, eine Reibe, ein Schuppmesser und dünne runde Holzstäbchen zur Vervollständigung Ihrer Küchenausstattung. Eine Omelettepfanne *(tamago-yaki nabe)* ist quadratisch und etwa 2 cm tief. Durch die Form kann man die Omelettemasse leichter schichten und später in gerade Streifen schneiden. Traditionell verwendet man gußeiserne Pfannen, viele Köche benutzen aber auch schwere Aluminiumpfannen. Wenn Sie Kasten-Sushi wie auf Seite 10/11 beschrieben zubereiten wollen, brauchen Sie einen Sushi-Kasten. Die Küchengeräte für die Reiszubereitung sind auf Seite 42/43 beschrieben.

SUSHI

Ein zaru *(Bambusdurchschlag) wird zum Abtropfen von Speisen verwendet.*

Die oroshi-gane *(japanische Reibe) besitzt äußerst feine Zacken. Sie besteht aus Metall oder Keramik und hat eine Rille zum Auffangen der austretenden Flüssigkeit. Die Reibe eignet sich hervorragend für* daikon, *Ingwer und* wasabi. *Eine feine Reibe leistet ebenso gute Dienste.*

Eine kleine, biegsame Bambusmatte (makisu) *wird zum Rollen der Sushi verwendet. Man kann Sushi auch von Hand rollen, sie werden dann allerdings nicht so kompakt und ebenmäßig.*

Ein itamae *achtet sehr auf seine Messer. Manche Sets werden vom Vater auf den Sohn vererbt. Die Messer sind, wie hier gezeigt, mit hölzernen Scheiden versehen.*

SUSHI-TECHNIKEN

Bei diesem Buch haben wir uns bewußt auf Sushi beschränkt, die man zu Hause selbst zubereiten kann. Bis zu einem gewissen Punkt ist die Sushi-Herstellung lediglich eine Frage der Technik. Alles, was darüber hinaus geht, ist jedoch reine Kunst. Beobachten Sie den *itamae* ruhig bei der Arbeit, wenn Sie auswärts essen, dann können Sie sich später einmal neben der Technik auch Gedanken über künstlerische Fragen machen.

Das Geheimnis der Sushi-Zubereitung ist vor allem, die Hände stets feucht zu halten. Sonst trocknet der Fisch aus, und der Reis klebt an den Fingern. Geben Sie 500 ml Wasser zusammen mit 2 EL Essig in eine Schale, und fügen Sie eine Zitronenscheibe bei. Befeuchten Sie damit Hände und Messer.

Die Messer werden feucht gehalten und zwischendurch häufig gereinigt. Dazu wischen Sie die Klinge entweder mit einem feuchten Lappen ab, oder Sie tauchen sie in Wasser und stoßen das senkrecht gehaltene Messer mit dem Griff auf die Arbeitsplatte auf, so daß sich die Tropfen auf der Klinge verteilen. Achten Sie darauf, mit dem Messer keine Gerüche auf andere Zutaten zu übertragen.

Parieren Sie die Fische sehr gründlich, sowohl aus ästhetischen als auch geschmacklichen Gründen. Hautfetzen, Gräten und fleckige Stücke haben in Sushi nichts zu suchen. Bei Fettfischen schneiden Sie das sehr dunkle Fleisch am Bauch ab, da es den meisten Leuten zu kräftig ist.

Sushi-Köche arbeiten mit einer schweren, an den Enden abgeflachten Pinzette, um die Fischfilets von Gräten zu befreien. Prüfen Sie mit den Augen und den Fingerspitzen, ob die Filets grätenfrei sind.

Um die rechteckig parierten Fischfilets (wie sie meist im Geschäft angeboten werden) zu zerteilen, schneiden Sie, wie rechts gezeigt, das Endstück ab. Verwenden Sie es nicht für *nigiri-zushi*, weil es nicht so zart ist wie die schräg geschnittenen Stücke und eigenartig aussehen würde. Diese Schneidetechnik bezeichnet man als *sakudori*. Unregelmäßig geformte Reste kann man in Rollen verarbeiten, wo es auf die Form nicht so sehr ankommt.

Lange Kochstäbchen sind nicht erforderlich, können sich aber als nützlich erweisen. Mit Holzstäbchen verquirlt man die Eier für Omelettes und schichtet die Eimasse damit auch in der Pfanne. Stäbchen mit dünnen Metallspitzen werden dagegen für letzte Feinarbeiten an den fertigen Sushi benutzt.

Kleine Sushi sehen nicht so eindrucksvoll aus wie große, sie machen mehr Arbeit und trocknen schneller aus, sind dafür aber erfreulich leicht mit nur einem Bissen zu essen.

Fisch wird stets schräg geschnitten, wie man hier deutlich sieht.

Blattförmiger nori läßt sich am besten mit dem Messer zerteilen. Versuchen Sie nicht, ihn mit der Hand durchzubrechen.

Gemüse werden zuerst gekürzt, dann fein gewürfelt; das geht einfacher als bei langem, spitz zulaufendem Gemüse.

Stellen Sie zum Befeuchten des Messers eine Schale Wasser mit einer Zitronenscheibe bereit.

FISCHKAUF

Die Auswahl feinster und frischester Zutaten ist von grundlegender Bedeutung für die japanische Küche. Die Fischmärkte werden tagtäglich von Küchenchefs und Amateurköchen gleichermaßen bevölkert.

Der Fisch für Sushi muß absolut frisch sein. Idealerweise ist er fangfrisch, in einigen Sushi-Restaurants in Japan werden sogar Stücke aus *lebenden* Fischen herausgeschnitten, die man anschließend wieder in ein Becken wirft. Sofern sie unmittelbar nach dem Fang tiefgefroren werden, kann man einige Fettfische und Schaltiere auch getaut für Sushi verwenden.

In der westlichen Welt kauft man Fisch am besten bei einem vertrauenswürdigen Fischhändler. Die Augen des Fischs sollten glänzend, klar und weder eingesunken noch blutig, die Schuppen intakt und glänzend und die Kiemen hellrot sein; das Fleisch sollte sich auf Fingerdruck elastisch anfühlen. Das wichtigste ist jedoch, daß frischer Fisch keinesfalls nach Fisch riechen darf, das Äußerste wäre ein leichter Meeresgeruch. Nach dem Kauf sollten Sie den Fisch so bald wie möglich parieren (siehe folgende Doppelseite) und entweder sofort verarbeiten oder einfrieren. Eine kurze Zeit von einigen Stunden übersteht der Fisch im Kühlschrank, wenn Sie ihn in ein feuchtes Tuch wickeln. Über Nacht sollten Sie ihn in Klarsichtfolie verpacken.

Wenn Sie die Fische selbst fangen, schneiden Sie sie hinter den Kiemen und kurz vor dem Schwanz ein und lassen Sie sie sofort ausbluten. Der Fisch kann dann auf Eis hervorragend aufbewahrt werden.

Wenn Sie Tiefkühlware verwenden, lassen Sie den Fisch langsam auftauen, vorzugsweise über Nacht im Kühlschrank. In Wasser gelegt, verliert er erheblich an Aroma. Wenn Sie in Eile sind, geben Sie bei Süßwasserfischen 2 EL Salz auf 500 ml Wasser bzw. bei Meeresfischen 1 EL auf 500 ml Wasser.

Wenn Sie statt des ganzen Fischs fertige Filets oder Stücke kaufen, achten Sie auf festes Fleisch, das beim Schneiden glänzen soll; das Blut muß leuchtend rot sein.

Meeresfrüchte sollten lebend gekauft werden. Das gilt für alle Sorten. Lebende Schaltiere schwimmen nicht an der Oberfläche, fühlen sich schwer an und bleiben fest geschlossen. In Wasser überleben sie bis zu mehreren Tagen im Kühlschrank, wobei die Temperatur nicht unter 5–6 °C liegen sollte.

FILETIEREN

Es gibt zwei Methoden, Fische für Sushi zu filetieren. Bei der einen *(sanmai oroshi)* erhält man zwei Filets und eine Mittelgräte. Die andere, *gomai oroshi*, die man bei Plattfischen oder großen Fischen einsetzt, ist auf der nächsten Doppelseite beschrieben.

Dreiteiliges Filet *(sanmai oroshi)*

Wenn der Fisch geschuppt werden muß (in diesem Fall ist das nicht nötig, der Fisch wird außerdem mit Haut serviert), halten Sie den Kopf des Fisches fest und kratzen alle Schuppen ab. – Vorsicht, Verletzungsgefahr! Beide Seiten säubern. Man kann den Fisch auch am Schwanz festhalten, nicht aber am Körper, denn dann wird das Fleisch verletzt und verliert seine Festigkeit. Dabei den Fisch immer wieder mit leicht gesalzenem Wasser benetzen.

1 Den Fisch mit dem Kopf nach links hinlegen (sofern Sie Rechtshänder sind) und mit einem scharfen Messer schräg den Kopf abtrennen.

2 Von vorn nach hinten den Fisch an der Bauchseite bis zum After aufschneiden.

3 Die Eingeweide entfernen.

5 Das Stück mit der Mittelgräte umdrehen, die linke Hand locker auf den Fisch legen und das Messer von vorn nach hinten an den Gräten entlangführen.

4 Die linke Hand locker flach auf den Fisch legen und von vorn nach hinten vom Rücken her das Fleisch abschneiden; das Filet abheben.

6 Den Fisch umdrehen und das Filet am Schwanzansatz abtrennen und abheben. Noch verbliebene Gräten entfernen.

7 Der Fisch besteht jetzt aus drei Teilen: den beiden Filets und der Mittelgräte. Sind die Filets sehr groß, schneiden Sie sie längs durch, oder wenden Sie die *gomai oroshi*-Methode an.

FILETIEREN

Fünfteiliges Filet *(gomai oroshi)*

Diese Methode hat zwei Varianten, eine für Plattfische und eine für große Fische wie den thunfischähnlichen Blaufisch (Bonito). Wenn Sie große Fische mit *sanmai oroshi* zu filetieren versuchen, laufen Sie Gefahr, das Fleisch zu beschädigen, wenn Sie ein allzu großes Filet an einem Stück ablösen wollen. Beschädigtes Fischfleisch eignet sich nicht für Sushi.

1. VARIANTE: PLATTFISCHE

1 Mit der linken Hand (als Rechtshänder) den Kopf des Fisches festhalten und hinter den Kiemen zwei tiefe Einschnitte machen.

2 Den Fisch umdrehen und den Kopf abschneiden. Die Eingeweide herausdrücken und den Fisch unter fließend kaltem Wasser reinigen.

3 Den Fisch umdrehen und von vorn nach hinten einen Schnitt über die Mittelgräte führen.

4 Mit flach gehaltener Klinge das Messer an den Gräten entlangführen und das Fleisch ablösen.

2. VARIANTE: GROSSE FISCHE

Große Fische, wie etwa Blaufische, werden zunächst geöffnet, die Eingeweide herausgenommen und der Kopf abgeschnitten. Dann geht es wie folgt weiter:

1 An der Seite von vorn nach hinten einen tiefen Einschnitt machen.

2 Einen zweiten Einschnitt vom Rücken aus machen. Das Filet abheben.

3 Das Bauchfilet von oben nach unten abschneiden. Die Schritte 1 bis 3 auf der anderen Seite wiederholen.

5 Vom Schwanz aus das Messer an der Außenseite entlangführen und das eine Filet ablösen. Fisch wenden, Schritte 3 bis 5 nochmals durchführen, um das zweite Filet abzulösen.

6 Fisch auf die andere Seite drehen und nach der gleichen Methode die beiden Filets ablösen.

7 Sie haben nun, wie gezeigt, fünf Teile, außerdem noch *engawa*, das Fleisch an den Seitenflossen. Nur ein sehr großer Fisch kann soviel davon liefern, daß sich eine Verwertung lohnt.

DIE GEMÜSE

Daikon und andere Gemüse werden manchmal zu Endlosblättern geschnitten, die man dann in Stücke von 20 cm zerteilt. Übereinandergestapelt werden sie in feine Streifen geschnitten und zum Garnieren verwendet.

Eingelegter daikon *(Rettich), Gurke, Avocado,* wakegi *(Lauchzwiebel) und Ingwerwurzel.*

Avocado. Sushi mit Avocado zuzubereiten, ist eine relativ neue Idee. Avocado schmecken ausgezeichnet in diversen Rollen *(maki)* und werden auch als Farbtupfer für die Regenbogenrolle (Rainbow Roll, Seite 66) verwendet.

Möhre (ninjin). Möhren werden sowohl wegen ihrer kulinarischen Vorzüge als auch wegen ihrer Farbe eingesetzt. Sie sind wesentliche Bestandteile für vegetarische Rollen (Seite 50).

Gurke (kappa). Gurken sind eine klassische Zutat für vegetarische Rollen und werden vielfach zum Garnieren verwendet (siehe Seiten 40/41).

Daikon. Diese oft auch als »Rettich« bezeichneten Wurzeln sind viel größer und milder als die kleinen roten Rettiche, die man in der westlichen Welt kennt. Es gibt sie in indischen oder pakistanischen Lebensmittelläden. Auf Hindi heißt er *mooli*.

Kampyō. Getrockneter Flaschenkürbis; siehe Seite 38/39.

Nattō. Eine etwas klebrige Sojabohnenzubereitung, im Westen schwer zu bekommen.

Lauchzwiebel (wakegi). Frühlings- oder Lauchzwiebeln werden bei modernen Sushi-Versionen verwendet. Eine koschere Rolle (Seite 82) besteht beispielsweise aus Räucherlachs, Frischkäse und Lauchzwiebeln. Meist ist der Eigengeschmack der Zwiebeln für das zarte Aroma der Sushi zu kräftig.

Seetang. Für Sushi verwendet man dunkelgrünen oder schwarzen *nori*, eine Art Papier aus getrocknetem, zerkleinertem Purpurtang, in das die Sushi eingerollt werden. *Nori* verliert rasch an Aroma, es sei denn, er wird eingefroren, aber auch dann hält er sich nur zwei bis drei Monate. Vor der Verwendung wird das *nori*-Blatt auf einer Seite kurz geröstet; ideal ist es, wenn man das Blatt 30 Sekunden über eine Gasflamme hält. Röstet man beide Seiten, leidet das Aroma. Ein ganzes *nori*-Blatt ist 17,5 × 21 cm groß.

Ao nori besteht aus geraspelten *nori*-Blättern und dient zum Würzen.

Kombu verwendet man zur Herstellung von *dashi*-Brühe (Seite 36/37).

Shiitake-Pilze. Werden gelegentlich in Sushi verarbeitet (Seite 38/39).

Frischer wasabi *(japanischer Meerrettich oder Senf), wie auf der Abbildung links gezeigt, ist außerhalb Japans sehr schwer zu bekommen. Man kann sich mit fertiger* wasabi*-Paste oder -Pulver behelfen.*

WEITERE ZUTATEN

Generell wird zum Kochen die dunkle Sojasauce verwendet, die hellere (rechts) allerdings nur dann, wenn keine Farbe erwünscht ist.

Japanischer Reiswein (su) ist vorzuziehen, gut ist aber auch verdünnter Apfelessig.

Mirin (gesüßter sake zum Kochen) gibt es fertig in Flaschen zu kaufen.

Tofu (Sojabohnenquark). Die weißlichen Blöcke sind inzwischen auch in der westlichen Welt ein vertrauter Anblick. Der in Japan für *inari* verwendete Tofu (Seite 60/61) wird allerdings fritiert. Manchmal werden *nigiri-zushi* anstatt mit Reis mit Tofu gemacht; das ist sehr gesund. Aromatische Fischsorten und kräftige Gewürze sind zu empfehlen.

Frischkäse. Eine für japanische Verhältnisse völlig untypische Zutat, die dennoch immer häufiger in verschiedenen *maki*-Zubereitungen zu finden ist.

Eier. Hühnereier werden zur Herstellung von Omelette (*tamago*, Seite 54), Wachteleier als Garnitur verwendet, beispielsweise zusammen mit Rogen. Ein rohes Wachtel-Eigelb auf dem Boden eines mit Sake gefüllten Glases bezeichnet man als *Sake Shooter*.

Katsuo-bushi. Getrocknete Blaufischflocken, aus denen man *dashi*-Brühe herstellt.

Mirin. Mirin, auch als »süßer sake« bekannt, wird für verschiedene Zwecke benutzt, unter anderem beim Zubereiten von Sushi-Reis. Wenn Sie keinen *mirin* bekommen, lösen Sie 120 g Zucker in 120–250 ml erhitztem trockenem *sake* auf.

Miso. Vergorene Sojabohnenpaste. Hellere Sorten sind weniger salzig und oft süßer als die dunkleren.

Sauer eingelegte Pflaumen (ume-boshi) werden gelegentlich in vegetarischen *maki* verwendet.

Reisessig (su). Japanischer Reisessig ist strohgelb und sehr mild. Wein-, Apfel- und Malzessig sind für die meisten japanischen Gerichte zu streng. Zur Not tut es verdünnter Apfelessig.

Sojasauce (shōyu). Japanische oder amerikanische Sojasauce schmeckt feiner als chinesische. Normalerweise wird die übliche, dunkle Sojasauce (*koi kuchi shōyu*) verwendet. Wenn man sich salzarm ernährt, sollte man natriumreduzierte Sojasauce wählen, die jedoch nicht mit dem helleren, aber salzigeren *usui kuchi shōyu* verwechselt werden darf.

Zucker. Sushi-Gerichte enthalten relativ viel Zucker. Bei Sushi wird der Zucker allerdings dem Reis zugesetzt, außerdem werden einige Speisen mit Glasuren überzogen.

Sake ist das alkoholische Nationalgetränk Japans und paßt wie Tee hervorragend zu einer japanischen Mahlzeit.

DASHI UND SUPPEN

Dashi ist eine der wichtigsten Zutaten für viele Speisen der japanischen Küche. Für Sushi findet es seltener Verwendung, außer für verschiedene gekochte Zutaten und für Brühen und Suppen.

Dashi

Die Zutaten sind lediglich *katsuo-bushi* (getrocknete Blaufischflocken), *kombu* (Seetang) und Wasser. Traditionell wird *katsuo-bushi* als Block verkauft, der wie ein Mahagoni-Brett aussieht und von dem man die benötigte Menge abschabt. Inzwischen kauft man es allerdings meist als fertige Flocken.

- Die Mengenverhältnisse sind einfach: Man nimmt 120 g *katsuo-bushi* auf 250 ml Wasser, dem ein 5 bis 7,5 cm² großer Würfel *kombu* zugesetzt wird.
- Den *kombu* in einem Topf mit dem kaltem Wasser aufsetzen und zum Kochen bringen. Beginnt das Wasser zu sieden, den *kombu* herausnehmen.
- Das *katsuo-bushi* hineingeben und nochmals erhitzen, dabei nicht umrühren. Sobald die Brühe wieder kocht, den Topf vom Feuer nehmen. Wenn die Blaufischflocken zu Boden sinken, ist die *dashi*-Brühe fertig. Die Brühe durchsieben und ohne die Flocken verwenden, sonst würde sie intensiv nach Fisch schmecken.
- Die Menge an *katsuo-bushi* kann man nach Geschmack variieren. Zunächst wird man als Nicht-Japaner wahrscheinlich etwas weniger nehmen. Man kann *dashi* auch mit Hühner-, Rinder- oder Gemüsebrühe mischen.

Suppen

Es gibt zahlreiche verschiedene Suppen, die mit *dashi* zubereitet werden. Zusammen mit Sushi werden meist *suimono* und *miso-dashi* serviert.

SUIMONO

Für *suimono* erhitzt man *dashi* mit etwas Tofu, Fisch oder Hähnchenfleisch. Wenn Sie Tofu verwenden sollten Sie die Suppe nicht kochen lassen, da der Tofu sonst zerfällt. Fügen Sie entweder ein paar Seetangflocken oder feine Lauchzwiebelringe hinzu. Der klassische *suimono* wird mit einer der Jahreszeit entsprechenden Garnitur (*sui-kichi*) serviert.

MISO-DASHI

Miso-dashi ist fast das gleiche, allerdings angedickt mit ca. 30 g *miso* auf 500 ml *dashi*. *Miso-dashi* kann mit Tofu, Gemüsen der Jahreszeit oder Meeresfrüchten angereichert werden.

Kombu *sind ledrig aussehende Streifen von getrocknetem Tang.* Katsuo-bushi *wurde traditionell als solider Block verkauft, von dem man die Mengen, die man benötigte, abschabte, heute kauft man es jedoch meist in Flockenform.*

Sehr schön garnierte Schale mit miso-dashi, *Tofu und Lauch.*

KAMPYŌ
UND
SHIITAKE-
PILZE

Kampyō wird aus der getrockneten Schale japanischer Flaschenkürbisse hergestellt und in langen Streifen angeboten. Man verwendet ihn unter anderem für verschiedene *maki*-Rollen und für *chirashi-zushi* (verstreute Sushi).

Man wäscht etwas *kampyó* unter leichtem Bürsten mit Wasser ab und reibt ihn dann mit Salz ein. Mehrere Stunden, besser noch über Nacht einweichen. Für die Verarbeitung zu Sushi läßt man *kampyó* etwa 10 Minuten lang kochen, bis er fast durchsichtig ist, und dann etwa 5 Minuten in *dashi*-Brühe ziehen, die man mit 1 EL Zucker, 1 $^1/_2$ EL Sojasauce und einer Prise Salz pro 250 ml Brühe würzt.

Shiitake-Pilze werden normalerweise getrocknet angeboten. Sie riechen etwas streng und sind sehr teuer, jedoch bei einigen Gerichten für das original japanische Aroma unverzichtbar. Der Geruch verfliegt ohnehin größtenteils beim Einweichen, dafür quellen die Pilze stark auf. Deshalb kommt man oft schon mit wenigen Pilzen aus.

Wenn Sie es eilig haben, reicht es, wenn Sie *Shiitake*-Pilze nur 30–40 Minuten einweichen und dann vor der Zubereitung die harten Stiele entfernen. Läßt man sie über Nacht oder sogar 24 Stunden lang stehen, sind die Pilze im ganzen verwendbar und zarter.

Pikante *Shiitake*-Pilze kann man nach dem folgenden Rezept zubereiten:

ZUTATEN

4–6 *Shiitake*-Pilze, eingeweicht und ausgedrückt;
150 ml der Einweichflüssigkeit aufbewahren
250 ml *dashi*
Ein Spritzer *sake* (ca. 1 TL)
2 EL Zucker
1 EL Sojasauce
1 EL *mirin*

VORGEHENSWEISE

■ Die Einweichflüssigkeit mit *dashi* und *sake* vermischen. In einem Topf mit dickem Boden zum Kochen bringen, dann die Pilze hineingeben. Die Temperatur zurückschalten und etwa 3 Minuten kochen, dabei immer wieder begießen.

■ Den Zucker hinzufügen und weiterkochen, bis die Flüssigkeit auf die Hälfte eingekocht ist (maximal 10 Minuten). Die Sojasauce angießen und weitere 3–4 Minuten kochen, dann den *mirin* hineingeben. Auf großer Flamme weitergaren, dabei den Topf schwenken, bis die Pilze gleichmäßig mit der Sauce überzogen sind.

Kampyō *vor und nach der Zubereitung.*

Shiitake-*Pilze.*

GARNIEREN

Oft ist kaum zu unterscheiden, was Zutat und was Garnitur ist, denn schließlich sollen Sushi nicht nur den Gaumen, sondern auch das Auge erfreuen.
Kappa (Gurke). Gemüse zu Garnituren zu schneiden, ist ein wichtiges Element der japanischen Kochkunst. Eine der apartesten Techniken ist die hier gezeigte »Kiefer«-Technik.

1 An einem Gurkenendstück parallel verlaufende Längsschnitte gleicher Länge einritzen.

2 Im rechten Winkel dazu einschneiden, das Messer dabei parallel zum Schneidebrett halten.

3 Den eingeschnittenen Teil zur Seite schieben.

4 Wiederholen und die eingeschnittenen Teile abwechselnd nach rechts und links schieben.

5 Mit Stintrogen (wegen der Farbe) garnieren.

Gari-Streifen (oben) können zu einer dekorativen »Rose« zusammengerollt werden (rechts).

1. Nehmen Sie eine Scheibe kamaboko, und machen sie in der Mitte einen Längsschnitt. Für einen »Zopf« wird ein Ende der Scheibe durch den Schlitz gezogen und untergehoben.

2. Für einen »Knoten« nimmt man eine Scheibe kamaboko und schneidet sie ebenso ein wie für den Zopf. Zwei längliche Stäbchen von einer anderen Scheibe abschneiden und durch den Schlitz stecken, daß sie wie die Enden einer Schnur aussehen.

Ein Block kamaboko neben einem »Zopf« und zwei »Knoten«.

Daikon. Blüten stellt man am einfachsten mit einem kleinen Plätzchenausstecher her, ein traditionsbewußter Koch wird allerdings Zylinder von 5 cm Länge schnitzen und in Scheiben schneiden. Man kann auch eine »dicke Haut« wie mit einem Bleistiftanspitzer abschälen und schräg schneiden, so daß sich die Stücke dekorativ kräuseln.

Gari (eingelegter Ingwer). Sushi-Fans ist diese rosafarbene, eingelegte Ingwerwurzel unter dem Namen *gari* oder unter dem japanischen Namen *shōga* vertraut. Man ißt davon zwischen den Gängen.

Goma (Sesamkörner). Sesam wird vom *itamae* zum Aromatisieren bestimmter Sushi eingesetzt. Am besten schmeckt er, wenn man ihn eine Minute lang in einer gußeisernen Pfanne röstet; dabei müssen die Körnchen ständig bewegt werden, damit sie nicht platzen oder verbrennen. *Shiro goma* sind ungeschälte, *muki goma* geschälte Sesamkörner.

Oba. Die herzförmigen Blätter der Beefsteak-Pflanze sind hübsch und duften sehr angenehm.

Hiyashi-wakame. Eine Art getrockneter Seetang. Man weicht ihn ein und zerkleinert ihn zu geleeartigen, leuchtend grünen Garnituren.

Kamaboko (Fischkuchen). *Kamaboko* wird recht häufig als eßbare Verzierung verwendet. Man kann daraus »Knoten« und »Zöpfe« formen, indem man eine Scheibe davon in der Mitte einschneidet und entweder ein Ende davon durch den Schlitz zieht, so daß ein zopfartiges Gebilde entsteht, oder zwei weitere Streifchen so durch den Schlitz hindurchsteckt, daß sie wie die Enden eines Knotens aussehen.

Wasabi. Man nennt ihn auch »japanischen Meerrettich«, weil es sich um eine Wurzel handelt, oder »japanischen Senf«, was seinen Geschmack eher wiedergibt. Frisch getrockneter, pulverisierter *wasabi* ist überall zu zivilen Preisen erhältlich.

SUSHI-REIS

Sushi-Reis wird aus gereiftem Rundkornreis hergestellt. Manche Sushi-Köche haben Händler, die Reis unterschiedlicher Reifestufen für sie mischen, um einen bestimmten Geschmack zu erreichen.

Zum Kochen verwendet man am besten die gleiche Menge an Reis und Wasser. Sehr frischer Reis, der noch viel Feuchtigkeit enthält, braucht weniger, älterer Reis vielleicht etwas mehr Wasser. Probieren Sie aus, wie Sie die besten Resultate erzielen. Am einfachsten ist es, bei einer bestimmten Marke zu bleiben, da der Feuchtigkeitsgehalt vermutlich immer der gleiche ist.

■ Den Reis gründlich waschen, bis das Wasser klar bleibt. Den gewaschenen Reis eine Stunde lang abtropfen und ausquellen lassen.

■ Für die einfachste Zubereitungsart benötigen Sie einen Topf mit fest schließendem Deckel. Den Reis bei mittlerer Hitze zum Kochen bringen und den Deckel fest aufsetzen. Auf großer Flamme 2 Minuten aufkochen, dann 5 Minuten bei mittlerer Hitze weiterkochen und schließlich 15 Minuten lang auf kleiner Flamme, bis der Reis alle Flüssigkeit aufgesogen hat. Die verschiedenen Kochphasen kann man am Geräusch unterscheiden: Zunächst brodelt der Reis, doch wenn das Wasser verkocht ist, beginnt er zu zischen. Wenn Sie erstklassigen Reis wollen, dürfen Sie der Deckel während des Kochens nicht abnehmen.

■ Sobald der Reis gar ist, den Deckel abnehmen ein Geschirrtuch über den Topf decken und der Reis 10–15 Minuten abkühlen lassen.

1 Den gekochten und abgekühlten Reis in eine *hangiri* füllen.

SUSHI

- Den Reis in einen *hangiri* (Abkühlbottich aus Zedernholz) oder ein anderes nichtmetallisches Gefäß füllen und mit einem *shamoji* (Reisspachtel) oder großen Holzlöffel ausstreichen.
- Den *shamoji* immer wieder wie einen Pflug durch den Reis ziehen, und zwar zunächst von links nach rechts und dann von oben nach unten, um die Körner voneinander zu lösen, dabei den *sushi-zu* angießen. Man benötigt 150 ml für 750 bis 1000 g *ungekochten* Reis.
- Gleichzeitig muß man den Reis fächeln, damit er abkühlt und locker wird; die Körner bekommen dadurch auch einen feinen Glanz. Sollte Ihnen etwa die dritte Hand dazu fehlen, brauchen Sie einen Assistenten mit einem Fächer (*uchiwa*) oder – etwas banaler – einem Stück Pappe, das den gleichen Effekt erzielt. Es dauert ungefähr 10 Minuten, bis der Reis Zimmertemperatur erreicht hat und gut durchgemischt ist.

2 Mit einem *shamoji* oder einem großen Holzlöffel rasch umrühren und dabei die Körner voneinander lösen.

Wenn Sie keinen fertigen *sushi-zu* (Sushi-Essig) bekommen, lösen Sie 5 EL Zucker zusammen mit 2–4 TL Salz in gut 5 EL Reisessig auf (4 g Salz ist die traditionelle Version). Damit sich der Zucker auflösen kann, müssen Sie den Essig zunächst erhitzen, dann jedoch rasch abkühlen, indem Sie die Schale in kaltes Wasser stellen, damit der Essig nicht verdunstet.

3 Dabei den *sushi-zu* angießen.

DIE TECHNIK FÜR *NIGIRI-ZUSHI*

»Nigiri« bedeutet »drückend«, und genau das tut man auch. Linkshänder sollten den unten gezeigten Ablauf im Spiegel verfolgen; Japaner sind überwiegend Rechtshänder. Es gibt verschiedene klassische Formen für das Reis-»Kissen«, etwa *kushi-gata* oder *rikyu-gata* (längliche Kuppel), *ogi-gata* (Fächerform, die flachere Version von *kushi-gata*), *funa-gata* (Bootsform mit flacher Oberfläche, gewölbter Unterseite und eckigem »Bug« und »Heck«, wie hier gezeigt), *tawara-gata* (zusammengedrückt wie eine kompakte Wurst, ein länglicher Reis- oder Baumwollballen), und *hako-gata* (Kastenform). Die beiden ersten sind die gebräuchlichsten, die beiden letzten seltener.

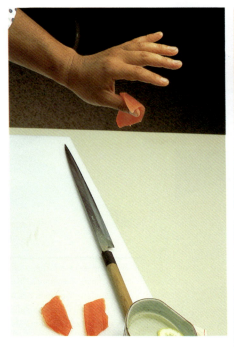

1 Den Belag in die linke Hand nehmen. Mit der rechten Hand einen Klumpen Reis nehmen. Den Klumpen an der Wand des Bottichs abrunden. In dieser Phase sollte der noch nicht zusammengedrückte Reisklumpen die Größe eines Golf- oder Tischtennisballs haben.

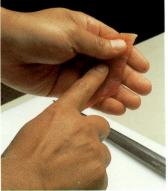

2 Den Reisklumpen in der rechten Hand behalten, mit dem rechten Zeigefinger etwas *wasabi* nehmen und die Unterseite des Belages damit in der Mitte bestreichen.

3 Den Reisklumpen auf den Belag legen. Die Finger der linken Hand gerade halten und den Reis mit dem Daumen gegen den Belag drücken. So entsteht eine Delle.

4 Die Seiten mit der rechten Hand zusammendrücken.

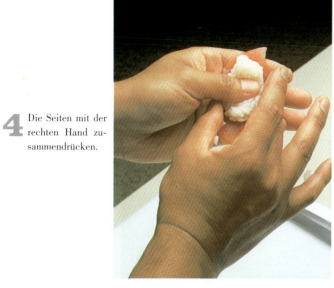

5 Die linke Hand um den Sushi herum wölben, dabei soll der linke Daumen zusammen mit dem Zeige- und Mittelfinger der rechten Hand den Sushi flachdrücken.

6 Sushi in die andere Hand nehmen.

7 Wieder in die linke Hand zurücklegen, diesmal aber andersherum. Das Ende liegt nun an der offenen Seite.

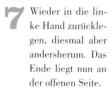

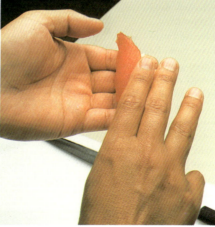

8 Schritt 5 wiederholen. Dadurch wird das andere Ende des Sushi geformt.

9 Den Sushi vom Handteller zu den Fingern rollen, so daß sich der Belag oben befindet.

10 Ein letztes Zusammendrücken vollendet die Form.

DIE TECHNIK FÜR MAKI

Gunkan-maki (»Schlachtschiff-Sushi«) wurden bereits weiter oben erwähnt. Die Technik dafür ist im Abschnitt über Rogen erklärt (Seite 68/69).

Temaki werden aus 2,5 cm breiten Streifen *nori* (Purpurtang-Papier) gerollt. Etwas Sushi-Reis und etwas Belag werden auf das Papier gelegt und das Ganze ebenso wie bei *gunkan-maki* zu einer Rolle geformt und verklebt. Diese Technik ist auf den Seiten 88/89 beschrieben.

Die übrigen *maki*-Formen werden mit einer *makisu* (Bambusmatte) gerollt. Die festen Rollen sind klein *(hoso-maki)*, wie hier gezeigt, oder dick *(futo-maki,* Seite 56), außerdem gibt es »auf links gedrehte« *maki* wie die California Roll (Seite 50) und verzierte *maki* wie die Rainbow Roll (Seite 66).

Die Grundtechnik für *hoso-maki* ist folgende:

Beim Zerschneiden von Rollen, deren Inhalt sich schlecht zerteilen läßt, etwa Möhren oder *kampyō*, führt man das Messer mit gleichmäßigem Strich, bis man Widerstand spürt, und drückt dann mit der freien Hand den Messerrücken mit einem Stoß herunter, bis das Stück durchtrennt ist.

1 Eine halbe Scheibe *nori* auf die *makisu* legen, mit einer etwa 1 cm dicken Schicht Sushi-Reis bedecken und auch die Seiten ausfüllen, an den Längsseiten jedoch einen Streifen frei lassen.

2 Die Füllung auf den Reis legen. Hier handelt es sich um eine Art von Schwarzwurzeln *(gobo)*, die scharf schmecken. Zum Aromatisieren wird hier *goma* (Sesam) darübergestreut, bei einer Fischrolle würde man *wasabi* (japanischen Meerrettich) zum Würzen nehmen.

3 Von dem zu Ihnen zeigenden Ende her die *maki* mit der *makisu* aufrollen.

4 Kurz bevor die Rolle komplett ist, das Ende der *makisu* nach oben ziehen.

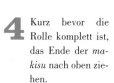

5 Die Rolle mit der *makisu* vollenden und zusammendrücken (entweder eckig oder rund).

6 Die Enden sauber zusammendrücken.

7 Das Messer in einer Schale mit Essigwasser und einer Zitronenscheibe anfeuchten.

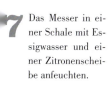

8 Den Messergriff auf den Tisch stoßen, so daß sich die Wassertropfen über die Klinge verteilen.

9 Die Rolle halbieren und die beiden Hälften nebeneinanderlegen.

10 Jede der Hälften in drei gleich große Stücke zerteilen (6 Bissen).

1 Die *awabi* sieht zunächst wenig appetitlich aus.

2 Sehr vorsichtig das Mundstück herausschneiden.

4 Die *awabi* mit einem Messer vorsichtig auslösen.

5 Die Eingeweide entfernen. Der Magen gilt, roh in Scheiben geschnitten und mit *ponzu* (Zitrusessig; Seite 58) und Lauchzwiebel vermischt, als Delikatesse. Manche essen auch die übrigen Eingeweide, allerdings meist gekocht.

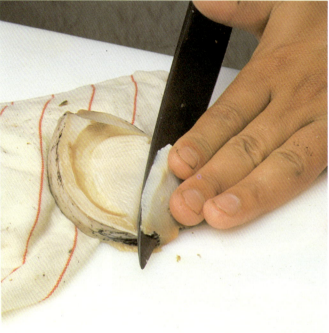

3 Großzügig mit Salz bestreuen. Die Muschel klopfen, damit das Salz sich gut verteilt. Nach etwa einer Minute ist das Muschelfleisch zusammengezogen und hart.

6 Den Körper de *awabi* mit eine Bürste und reich lich Salz abreiber bis sie sauber ist.

7 Den fransigen u dunklen Rand rur um das Fleisch a schneiden. Bei e ner großen Abalor ist er zäh und ung nießbar.

8 Bei einer dicke *awabi* kann ma den kleinen obere Muskel abschne den und für exze lente Sushi ve wenden. Bei kl nen *awabi* den M schelkörper schr in Scheiben schne den.

ABALONE
(awabi)

Awabi (Abalone-Muscheln) gelten als delikatester Sushi-Belag. Je kleiner die Muschel, desto zarter ist ihr Fleisch. *Awabi* bis zu 10 cm Durchmesser können im ganzen aufgeschnitten werden, größere Exemplare sollte man wie links gezeigt zubereiten.

Abalone-Muscheln sind in gemäßigten ebenso wie in tropischen Gewässern weit verbreitet. Man findet sie an der ganzen Westküste Nordamerikas, vor Japan, den Kanalinseln, der französischen Westküste und im Mittelmeer, darüber hinaus auch in China und rund um die Kanarischen Inseln. Besonders delikat sind sie im April, Mai und Juni. Sie leben auf dem Meeresgrund in der Nähe von *kombu* und *nori*, die ihnen als Nahrung dienen! Wie *awabi* kann man auch Chitonen oder Napfschnecken zubereiten.

1 Auf einem halben Blatt *nori* (Purpurtang) eine Schicht (ca. 1 cm) Sushi-Reis ausstreichen und mit *goma* (Sesam) bestreuen.

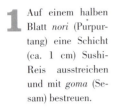

2 Das *nori*-Blatt zusammen mit dem Reis wenden und die andere Seite mit *wasabi* (japanischer Meerrettich) bestreichen.

3 Sehr feine Gurken- und Avocadostreifen werden in die Mitte gelegt.

4 Krebsfleisch vervollständigt die Füllung.

5 Das Ganze dann mit den Fingern wie eine Biskuitrolle aufwickeln.

8 Die Garnierung mit Stintrogen ist kein Muß, macht die Rolle aber farbenprächtiger.

6 Klarsichtfolie darüberlegen.

7 Mit der *makisu* zu einer festen Rolle formen.

CALIFORNIA ROLL
UND VEGETARISCHE ROLLE

Die »Kalifornische Rolle« ist an der amerikanischen Westküste äußerst beliebt und hat sich inzwischen sogar bis Tokio durchgesetzt. Die Mischung der unterschiedlichen Bißqualitäten von gekochtem Krebsfleisch, Avocado und Gurke ist einmalig. Natürlich spricht diese Rolle auch alle an, die Sushi probieren möchten, sich aber mit rohem Fisch nicht recht anfreunden können. Man kann daraus auch *hoso-maki* machen, hat dann aber nicht viel Platz für die Füllung, deshalb werden die Rollen »auf links gedreht«.

»Auf links gedrehte« vegetarische Rollen gehören eher zu den traditionellen Sushi als die California Roll, sind jedoch in den westlichen Ländern nicht so populär. Anstelle der Füllung aus Gurken, Avocado und Krebsfleisch füllt man sie normalerweise nur mit Gurke oder gewürztem *kampyō* (Seite 34/35).

Zum Anrichten zerschneidet man die California Roll vorsichtig in sechs Scheiben. Die Endstücke mit den vorstehenden nori-Rändern werden üblicherweise in die Mitte gelegt.

MUSCHELN

In Japan ißt man verschiedene Sorten von Muscheln sehr gern, während sie in der westlichen Welt nicht so beliebt sind.

Akagai (Archenmuschel) gilt als schmackhafteste Muschel für Sushi und ist entsprechend teuer. Nur die besten Restaurants kaufen sie frisch.

Die frische Muschel hat einen Durchmesser von 7,5–10 cm und wird meist vor dem Zerteilen zunächst mit Essig abgespült. Man schätzt verschiedene Teile an ihr, auch den Schließmuskel *(hashira)* und die Fäden, mit denen das Fleisch an der Schale befestigt ist *(himo)*.

Die Venusmuschel *(aoyagi)* ist auch unter dem Namen *bakagai* oder »Narrenmuschel« bekannt. Früher wurde sie kurz gegart, heute verzehrt man sie roh. Ebenso wie bei der Archenmuschel gilt ihr Schließmuskel als besonders delikat.

Die langen, muskulösen Ein- und Ausströmröhren der *miru-gai (Panope generosa*, eine Venusmuschelart) werden für Sushi verwendet; die *himo* ißt man gelegentlich roh, die übrigen Teile der Molluske eignen sich aber nur für Muschelsuppe oder -füllung. *Miru-kui* oder *miru-gai* leben in den Küstengewässern Japans und an der Nordwestküste der USA.

Der Fuß der Herzmuschel *(tori-gai)* wird ebenfalls sehr geschätzt. Der japanische Name bezieht sich auf das dunkle Ende des Fleisches, das einem Hühnerschnabel ähneln soll, und auf den Geschmack, der ebenfalls an Hühnerfleisch erinnert: *tori* bedeutet »Hähnchen«, *kai* (in zusammengesetzten Wörtern »*gai*«) bedeutet »Schaltier«. Für Edomae *chirashi-zushi* werden Herzmuscheln traditionell zusammen mit Garnelen verwendet.

Viele Meeresfrüchte können auf diese Art zubereitet werden. Kleine Venusmuscheln (Quahog-Muscheln oder noch kleinere Sorten) werden oft für *gunkan-maki* verwendet, größere dagegen roh oder gekocht aufgeschnitten.

1 Man löst die Ein- und Ausströmröhre aus und übergießt sie mit kochendem Wasser, um die Haut zu lockern.

2 Der gehäutete, gereinigte »Siphon« sieht schon weit appetitlicher aus.

3 Das Fleisch wird schräg in Scheiben geschnitten und anschließend mit dem Messergriff weichgeklopft.

4 Der Streifen *nori* dient nicht zum Würzen, sondern zur Stabilisierung. Wie andere glitschige Fischarten neigt auch *miru-gai* dazu, vom Reisbällchen zu rutschen, wenn er nicht festgebunden wird.

1 Das Omelette in der Mitte zusammenklappen.

2 Die andere Hälfte der Pfanne leer lassen.

3 Diesen Teil sorgfältig einölen.

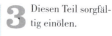

4 Das Omelette auf den Pfannenboden gleiten lassen und den anderen Teil einfetten.

OMELETTE
(tamago)

Tamago ist gesüßtes Eieromelette, das man traditionell am Ende der Sushi-Mahlzeit als eine Art Dessert ißt. Zubereitet wird es in einer rechteckigen Omelettepfanne. In einer Schale folgende Zutaten verquirlen (versuchen Sie nicht, die Mengen zu reduzieren; ein Omelette aus 10 Eiern wäre sogar noch leichter zu machen):

ZUTATEN
75 ml *dashi* (siehe Seite 32/33)
75 g Zucker
1 ½ TL Sojasauce
1 ½ TL *sake*
½ TL Salz
5 Eier
Pflanzenöl zum Braten

VORGEHENSWEISE

■ Die ersten fünf Zutaten auf schwacher Hitze mischen und dabei rühren, bis sich Zucker und Salz aufgelöst haben. Die Brühe auf Zimmertemperatur abkühlen lassen.

■ Die Eier verschlagen und dabei möglichst wenig Luft unterziehen. Die Mischung soll nicht schaumig sein.

■ Die Eier mit der abgekühlten Brühe mischen.

■ Ein Viertel der Eiermischung in die leicht gefettete Pfanne gießen, so daß der Boden gleichmäßig bedeckt ist. Braten, bis die Eimasse zu stokken beginnt, dabei Luftblasen mit einem langen Stäbchen aufstechen. Ab hier nun unterscheidet sich *tamago* vom westlichen Omelette.

5 Noch einmal die gleiche Menge an Eimasse angießen.

6 Heben Sie das Omelette an, und lassen Sie die flüssige Eimasse darunterlaufen.

7 Sobald die Masse gestockt ist, das Omelette zusammenklappen und eine weitere Portion Eimasse angießen. Mit dem Rest noch einmal wiederholen.

8 Den Block noch etwas braten, damit der Zucker an der Oberfläche karamelisiert, dann auf eine glatte Fläche gleiten und abkühlen lassen. Nach dem Erkalten in ungefähr 8 »Ziegel« schneiden.

Tamago-zushi besteht aus einem Stück süßem Omelette auf Reis, meist gesichert mit einem nori-Streifen als »Gürtel«. Alternativ kann man die traditionellere Version, bestehend aus zwei Blöcken pro Person und etwas geriebenem daikon, als Verzierung servieren.

DICKE ROLLEN (futo-maki)

1 Statt eines halben nimmt man für große Rollen ein ganzes Blatt *nori* (Purpurtang). Das Blatt mit einer ca. 1 cm dicken Schicht Sushi-Reis bedecken, an einer Seite einen Rand von 1 cm Breite freilassen. Auf diesen Streifen Reiskörner drücken, die später als Klebstoff dienen. Quer über die Mitte der kurzen Seite des Rechtecks die streifenförmigen Zutaten legen.

2 Es folgen *tamago* (Omelette) und *oboro*, schließlich etwas *kampyō* (getrockneter Kürbis).

Futo-maki können praktisch mit allem gefüllt werden, sind aber meist vegetarisch ausgerichtet. Sie unterscheiden sich von kleinen Rollen zum einen durch ihren Umfang und zum anderen dadurch, daß der *nori* spiralförmig eingerollt wird.

Typische Zutaten sind gekochter Spinat, Gurke, *kampyō* (getrockneter Kürbis), blättrig geschnittene *Shiitake*-Pilze, *tamago* (Omelette), Bambussprossen und Lotoswurzeln. Es gibt auch eine Fischzubereitung namens *oboro*, die man entweder fertig kauft oder selbst herstellen kann.

3 Die *futo-maki* sehr vorsichtig mit den Fingern aufrollen. Die freien Enden des *nori* werden in die Rolle gesteckt.

Oboro

Um *oboro* selbst zuzubereiten, kochen Sie Weißfisch gut durch und entfernen dann Haut und Gräten. In ein Tuch wickeln und gründlich ausdrücken. Den Fisch in einem Mörser zerstoßen (oder in der Küchenmaschine, allerdings wird die Konsistenz dann etwas anders) und den *oboro* mit ein paar Tropfen roter Lebensmittelfarbe rosa färben. Die Paste in einem schweren Topf mit etwas Zucker, *sake* und Salz unter ständigem Rühren kochen, bis alle Flüssigkeit verdunstet ist.

4 Die Rolle mit der *makisu* komprimieren, dabei die Enden zusammendrücken. Zum Servieren dann in der Mitte durchschneiden, die Hälften nebeneinanderlegen und in je 4 Stücke zerteilen.

HEILBUTT (*hirame*) UND LACHS (*sake*)

Für Sushi verwendet man verschiedene Sorten von Plattfischen, jedoch alle auf die gleiche Art zubereitet. Je nachdem, wo man lebt, werden die gleichen Fische oder sehr ähnliche Sorten einmal als Heilbutt und dann wieder als Scholle, Flunder oder als Steinbutt bezeichnet.

Der japanische Plattfisch ist klein wie eine Scholle oder Flunder, der größere *hirame* (Heilbutt) wird allerdings genauso zubereitet; der Vorteil an ihnen ist, daß sie mehr *engawa* (das geschätzte Fleisch der Seitenflossen; siehe Seite 29) besitzen.

Die meisten Sorten gelten im Winter als besonders lecker, doch auch der Herbst ist eine gute Zeit.

Das Fleisch kann einfach in Scheiben geschnitten und ohne weitere Zubereitung als *nigiri-zushi* serviert werden. Man kann es aber auch kurz in eine Marinade aus Frühlingszwiebeln, *momigi oroshi* (eine in Essig aufgelöste scharfe Pfefferpaste) und *ponzu* (Zitrusessig) einlegen.

Ponzu bekommt man gebrauchsfertig in japanischen Läden. Man kann ihn auch selbst herstellen. Dazu nimmt man 250 ml Orangensaft plus den Saft einer Zitrone auf 1 Liter *su* (Reisessig).

Bei uns im Yamato-Restaurant wird *ponzu* nicht »nur so« verwendet. Für eine gute Sauce, die man zu Fischen reichen oder als Grundlage für eine kräftige Suppe *(suimono)* verwenden kann, bringt man 1 Liter *ponzu* mit *kombu* und *katsuo-bushi* zum Kochen (Seite 36), fügt die gleiche Menge an Sojasauce sowie 125 ml *mirin* hinzu und siebt das Ganze durch.

Wenn Lachs als Sashimi angeboten wird, richtet man ihn praktisch genauso an wie Plattfische. In Japan ißt man Lachs so gut wie niemals roh. Kalifornien dürfte die einzige Gegend der Welt sein, wo Lachs-Sushi sehr gern gegessen werden. Dorsch und Zackenbarsch können ebenso zubereitet werden. Haifisch kann mit der gleichen Technik angerichtet werden, schmeckt allerdings den meisten Leuten zu sehr nach Fisch.

Hirame *und* Lachs *als* nigiri-zushi *angerichtet.*

FRITIERTER TOFU (inari)

Inari sind etwas fade Tofutaschen, die vorfritiert und dann geschmort werden. Man füllt sie mit Sushi-Reis mit und ohne *goma* (Sesam) oder *gari* (eingelegter Ingwer). Ihr Geschmack ist gewöhnungsbedürftig, sie sind jedoch preiswert, lassen sich gut aufbewahren und sind deshalb als Imbiß zum Mitnehmen beliebt.

Age (Tofutaschen) werden fertig fritiert gekauft. Man bekommt sie tiefgefroren oder gekühlt in einigen asiatischen Lebensmittelläden. Man blanchiert sie zunächst wenige Sekunden in kochendem Wasser, damit überschüssiges Öl austritt, und läßt sie dann auf Küchenpapier abtropfen und trocknen. Solange sie noch warm sind, werden sie halbiert.
Nehmen Sie eine halbe Tasche in eine Hand und schlagen mit der anderen kräftig darauf, so daß sie in der Mitte auseinanderklappt. Nun kann man sie vorsichtig zu einer geräumigen Tasche öffnen.

ZUTATEN ZUM SCHMOREN DER *AGE*

Die Brühe reicht für 8 halbe Taschen
125 ml *dashi* (Seite 36)
120 g Zucker
3 EL Sojasauce
2 EL *sake*

VORGEHENSWEISE

■ Alle Zutaten in einem großen Topf verrühren und erhitzen, bis sich der Zucker aufgelöst hat. Die Taschen 6–7 Minuten darin schmoren, dabei häufig begießen, damit sie nicht anbrennen. Auf Zimmertemperatur abkühlen, aber erst nach dem Erkalten abtropfen lassen.

Der Name *inari*, auch »Fuchs-Sushi« genannt, beruht auf einem Märchen: Der Fuchs, der die Tempel des Reisgottes Inari hüten sollte, mochte *age* besonders gern, deshalb wurden die aus *age* hergestellten Sushi nach dem Gott *inari* genannt.

1 Die geschmorte Tasche öffnen.

2 Mit Sushi-Reis füllen und den Reis mit dem Finger zusammendrücken.

3 Zum Servieren Enden übereinanderschlagen.

MAKRELE (saba) UND ALSE (kohada)

Saba (Makrele) und *kohada* (Alse) gehören zur Heringsfamilie und werden in gleicher Weise zubereitet. Beide sind Beispiele für *hikari-mono*, »glänzende Dinge«, also meist marinierte Fische, die mit der silbrigen Haut serviert werden.

Kohada trägt je nach Altersstufe unterschiedliche Namen, was etwas verwirrend ist. Zuerst heißt er *kohada*, später dann *nakazumi* oder *shinko* und ausgewachsen *konoshiro*.

Sowohl *saba* als auch *kohada* werden nach der Drei-Teile-Methode filetiert (Seite 28). Man salzt die Filets kräftig und läßt sie mindestens vier *(saba)* bzw. ein bis zwei Stunden *(kohada)* ziehen. Vor dem nächsten Schritt wird das Salz abgewaschen.

Anschließend wird der Fisch in Essig mariniert, der pro 250 ml mit 30 g Zucker gesüßt wird. *Saba* mariniert man meist 30–60 Minuten, je nach Geschmack manchmal auch länger, sogar bis zu einem Tag. *Kohada* wird weit kürzer eingelegt, etwa eine Viertelstunde. Je frischer der Fisch, desto kürzer ist die Marinierzeit. Bei fangfrischem *kohada* reichen 30 Minuten Einsalzen und lediglich 5–10 Minuten Marinieren.

SUSHI

Kohada *und* saba *als* nigiri-zushi *angerichtet.*

1 *Saba* ist ein größerer Fisch als *kohada*; deshalb läßt man ihn meist auch länger mit Salz und in Marinade ziehen.

2 Anders als *saba*, der in viele Scheiben geschnitten wird, zerteilt man den *kohada* nur in zwei Stücke.

3 Die Haut von *hikari-mono* wird eingeschnitten, um den Kontrast zwischen Oberfläche und Fleisch zu betonen.

Weitere typische japanische *hikari-mono* sind *sayori* (Halbschnäbler) und *kisu* (Sillago). Man kann aber die meisten kleinen Fische mit glitzernder Haut verwenden, beispielsweise Heringe, frische Sardinen, Sardellen, Pilchards und Stinte.

Der in Scheiben geschnittene tako wird normalerweise mit einem »Gürtel« aus nori (Purpurtang) gesichert, weniger wegen des Aromas, sondern weil die glänzenden Stücke sonst vom Reiskissen rutschen würden.

OKTOPUS
(*tako*)

1 Selbst ziemlich große Fangarme lassen sich zu guten Sushi verarbeiten.

2 Schneiden Sie die Fangarme schräg durch. Mit einem sehr scharfen Messer, kann man akkurate Scheiben schneiden.

3 Die Oberfläche des Fangarms entfernen, nicht jedoch die Saugnäpfe.

Tako (Oktopus, Krake) wird *immer* kurz gegart und niemals ganz roh serviert. Um ganz frischen *tako* zu bekommen, sollte man ein lebendes Exemplar besorgen oder wenigstens eines, von dem man sicher ist, daß es kurz zuvor noch gelebt hat. Ebenso wie Schaltiere kann verdorbener Oktopus sehr unangenehme Folgen für die Gesundheit haben, doch ist es nicht immer leicht, den Todeszeitpunkt eines *tako* im nachhinein festzustellen. Einen Anhaltspunkt für Frische liefert die hellgrau gesprenkelte Haut. Die Fangarme sollten elastisch federn, wenn man den Kraken schüttelt.

Einen Oktopus komplett zuzubereiten ist nicht so schwierig (und eklig), wie Sie denken. Die Eingeweide befinden sich alle im Kopf, der einfach umgestülpt und gesäubert wird. Augen und Kauwerkzeug werden am besten mit einer Küchenschere herausgeschnitten. Säubern Sie den Oktopus gründlich mit reichlich Salz unter fließendem Wasser, um Schleim und Sand zu entfernen. Achten Sie dabei vor allem auf die Saugnäpfe an den Fangarmen.

Lassen Sie den Kraken langsam mit den Fangarmen voran in einen großen Topf mit stark kochendem Wasser gleiten, bis die Fangarme rot und elastisch geworden sind; für Sushi verwendet man nur sie.

RAINBOW-ROLL (Regenbogen-rolle)

Die Regenbogenrolle ist die bunteste der »auf links gedrehten« Rollen, die etwa um 1950 aufkamen. Einfach ist ihre Zubereitung nur mit Hilfe eines Stücks Klarsichtfolie. Bevor solche Folie auf den Markt kam, benutzte man manchmal ein Tuch oder eine zweite, angefeuchtete *makisu* (Bambusmatte), der ganze Ablauf wird jedoch mit Klarsichtfolie erheblich vereinfacht.

Die Technik und eingerollten Zutaten sind die gleichen wie bei der California Roll (Seite 50). Bei uns im Yamato-Restaurant steht die Regenbogenrolle sogar als »California Special Roll« auf der Speisekarte.

Stellen Sie eine normale »auf links gedrehte« Rolle her, und legen Sie Streifen verschiedenfarbiger Fische und Avocado auf die Oberfläche. Sie müssen hauchdünn geschnitten sein, doch gerade dick genug, damit die Farbe wirkt. Wenn Sie mögen, streuen Sie etwas Sesam darüber; schwarze Sesamkörner machen sich sehr gut.

Wickeln Sie die ganze Rolle noch einmal in Klarsichtfolie und rollen Sie sie wiederum mit der *makisu*. Entfernen Sie die Folie, und schneiden Sie die Rollen in Scheiben. Wenn Sie Angst haben, Sie könnten das Kunstwerk zerstören, entfernen Sie die Folie erst *nach* dem Zerteilen.

1 Suchen Sie den Fisch nach seiner Farbe aus: Weiß (Heilbutt), orange (frischer oder Räucherlachs). In dünne Scheiben schneiden.

2 Die Farben attraktiv anordnen.

3 In Klarsichtfolie wickeln und mit der *maki* rollen.

Die hier gezeigte Version ist mit Wachtel-Eigelb garniert, etwa wie ein Beefsteak tartar. Dies ist jedoch eine in Japan eher ungewöhnliche Art der Verzierung.

FISCHROGEN

1 Für *gunkan-maki* nimmt man einen normalen Klumpen Sushi-Reis und legt ihn längs auf einen langen Streifen *nori* (Purpurtang).

2 Beim Einrollen macht man das Gebilde oben etwas breiter als unten. Die Rolle läßt sich so leichter aufbauen.

3 Den fertigen *gunkan-maki* mit Rogen füllen, in diesem Fall Ketakaviar.

4 Das Ende des *nori* auf die Unterseite klappen.

Für Sushi werden alle möglichen Arten von Rogen (Kaviar, Fischeier) verwendet. Weil sie weich sind, nimmt man dazu meist *gunkan-maki* (»Schlachtschiff«-Sushi).

Die gängigste Sorte ist wohl *ikura* (rotgoldener Ketakaviar vom Lachs). Man bekommt ihn genau wie echten Kaviar in Dosen bzw. Gläsern; er gehört zu den großkörnigen Rogen. Wenn er zu lange an der Luft steht, verliert er Glanz und Farbe, man kann ihn jedoch auffrischen, indem man ihn kurz in Sake einlegt. Werden die Fischeier noch von der Membran zusammengehalten, spricht man von *suzuko*.

Tarako (gesalzener Dorschrogen) ist ein beliebter Sushi-Belag. Dieser Kaviar ist rötlichbraun und deutlich kleiner als Lachsrogen. *Tarako* wird oft künstlich leuchtendrot oder grellorange gefärbt.

Kazu-no-ko (gesalzener Heringsrogen) wird sehr geschätzt, wenn auch eher als Fruchtbarkeitssymbol als wegen seines Geschmacks. Er ist extrem teuer, der volkstümliche Name »gelbe Diamanten« bezieht sich insofern sowohl auf den Preis als auch auf die Farbe und Symbolik. Unreife Rogen sind nicht so leuchtend gefärbt oder glänzend und auch billiger, weil sie nicht so gut schmecken.

Komochi kombu stammt dagegen nicht vom lebenden Hering, es handelt sich vielmehr um Riementang (*kombu*) mit Heringslaich. Man legt einen Streifen davon auf einen Bissen Sushi-Reis. Sowohl *kazu-no-ko* als auch *komochi kombu* werden durch mindestens zweistündiges Wässern etwas weniger salzig. Eigenartigerweise wird dieser Prozeß offenbar beschleunigt, wenn man dem Wasser eine Prise Salz zufügt.

Seehasenrogen und echter (Stör-)Kaviar können ebenfalls verwendet werden. Ungesalzener frischer Kaviar wäre wahrscheinlich delikat, dürfte jedoch praktisch nicht aufzutreiben sein.

JAKOBSMUSCHELN (hotate-gai) UND AUSTERN (kaki)

Eine schwimmende *hotate-gai* (Jakobsmuschel) ist ein denkwürdiger Anblick. Anstatt still und friedlich am Meeresboden zu hocken, wie die meisten von uns es von Mollusken erwarten, öffnen und schließen sich die Schalen mit erstaunlicher Geschwindigkeit. Der Schließmuskel, der eine solche Beweglichkeit zuläßt, ist entsprechend gut ausgebildet und wird für Sushi in Scheiben geschnitten. Ebenso wie bei *awabi* (Abalone) wird der Rest der Jakobsmuschel ebenfalls gegessen, jedoch meist nicht in Form von Sushi.

In Japan werden Jakobsmuscheln relativ häufig gezüchtet, vor allem rund um Hokkaido und Aomori im Norden Japans.

Die meisten Sushi-Bars verwenden tiefgefrorene *hotate-gai*. Kleinere Exemplare werden in winzige Stücke zerteilt und als *gunkan-maki* (»Schlacht-schiff«-Sushi) serviert. Die größeren hingegen richtet man als *nigiri-zushi* (handgeformte Sushi) an. Der Schließmuskel einer großen *hotate-gai* kann einen Durchmesser von 2,5–5 cm aufweisen und 1–6 cm lang sein. Er ist elfenbeinweiß und sitzt genau in der Mitte zwischen den Schalen, von den übrigen Teilen der Muschel umgeben. Wie viele Schaltiere ist auch *hotate-gai* roh am zartesten und wird mit zunehmender Garzeit immer zäher. Fünf Minuten reichen, um eine Jakobsmuschel in Gummi zu verwandeln.

Eine *kaki* (Auster) ist seßhafter und hockt stillvergnügt in ihrer Austernbank. Wie in der westlichen Welt werden *kaki* auch in Japan oft in einer Schalenhälfte serviert, man kann aber eine ganze kleine oder zerkleinerte große *kaki* auch als Füllung einer *gunkan-maki* verwenden.

Eine kaki *in einer Schalenhälfte, mit Ketakaviar garniert, daneben* hotate-gai *als* gunkan-maki *angerichtet.*

»VERSTREUTE« SUSHI (chirashi-zushi)

Bei den hier gezeigten *chirashi-zushi* (verstreute Sushi) handelt es sich um *kanto-fu chirashi-zushi*. Kanto ist der östliche Teil Japans, und von dort stammen *chirashi-zushi*. Das Gericht besteht aus einem Bett aus einfachem Sushi-Reis, auf das verschiedene Fischsorten, dickes *tamago* (Omelette), *kampyō* (getrockneter Kürbis) und *Shiitake*-Pilze gelegt werden.

Bei einer anderen Art *chirashi-zushi* werden alle Zutaten zu *gomoku-zushi* vermischt. Im Westen Japans *(kansai)* wird diese Art einfach nur als normale *chirashi-zushi* angesehen, deshalb nennt man *gomoku-zushi* auch *kansai-fu chirashi-zushi*.

Weil es so unendlich viele Kombinationsmöglichkeiten gibt, ist die Zubereitung von *chirashi-zushi* eher eine Frage von Geschmack und Stimmung als bestimmter Rezepte. Eine der einfachsten Versionen ist zum Beispiel *kani chirashi-zushi* (*kani* = Krebs), eine Art Reissalat mit Krebsfleisch. Für 225 g Krebsfleisch (das Sie mit dem Saft einer halben kleinen Zitrone beträufeln) brauchen Sie folgende Zutaten:

ZUTATEN:

500 g gekochten Sushi-Reis (Seite 42/43)
2 Gurken
2 große *Shiitake*-Pilze, wie auf Seite 38 gezeigt
60 g *renkon* (Lotoswurzel), geschält; man bekommt sie in Asien-Geschäften als Konserve
3 *tamago* (Seite 54), in dünne Scheiben geschnitten
eingekochte *dashi*-Brühe (Seite 36/37)
½ TL Salz
1 TL Zucker

VORGEHENSWEISE

- Die Gurken in dünne Scheiben schneiden und die Feuchtigkeit herausziehen, indem man sie einige Minuten mit Salz bestreut liegen läßt und dann unter fließendem Wasser wäscht und ausdrückt. Die Lotoswurzel 10 Minuten in Essigwasser einlegen.
- Gerade soviel Wasser zum Kochen bringen, daß alle Scheiben bedeckt sind, eine Prise Salz und einen Schuß *sake* zugeben. Die Scheiben ungefähr 30 Sekunden blanchieren, abtropfen lassen und in der reduzierten *dashi*-Brühe (Seite 36/37) oder in Wasser mit Salz und Zucker marinieren.
- Alle Zutaten vermischen, dabei ein paar Stücke zum Garnieren zurückbehalten, oder *kamaboko* (Fischkuchen) bzw. etwas mehr Krebsfleisch zum Belegen verwenden. Man kann auch gekochte Hummerkrabben, Aalstreifen, Alse, Thunfisch, Tintenfisch, *tamago* (Omelette) oder weitere *Shiitake* und Lotoswurzeln und eine Gurke (jeweils wie beschrieben vorbereitet) darauflegen. *Gari* und *wasabi* können nach Geschmack zugegeben werden, und natürlich kann man jedes *chirashi-zushi* mit *kampyō* anrichten.
- Es gibt auch *chirashi-zushi* mit fritiertem Tofu, grünen Bohnen, Bambussprossen und sogar mit Hähnchen.

SEEBRASSE
(tai)

Tai (Seebrasse) für Sushi kann ohne weitere Zubereitung serviert werden, wird oft aber auf der Hautseite gegart, indem man kochendes Wasser darübergießt.

Traditionell wird der Fisch in der normalen *sanmai-oroshi*-Methode filetiert (Seite 28). Dann legt man ein Tuch auf die Hautseite und übergießt sie mit kochendem Wasser. Wenn Sie es eilig haben, können Sie es auch direkt auf den Fisch schütten, das geht leichter und schneller, und der Effekt ist praktisch der gleiche.

Man kann *tai* auch parieren, entgräten und die Bauchhöhle mit Sushi-Reis füllen. Da *tai* als einer der feinsten Sushi-Fische gilt, wird er oft als Herzstück eines Sushi-Bootes oder eines anderen dekorativen Arrangements verwendet.

In Scheiben geschnittene ta *Filets, als* nigiri-zushi *angerichtet.*

1 *Tai* sind relativ klein. Ihre größeren Verwandten wie der Zackenbarsch werden normalerweise anders zubereitet.

2 Filetieren Sie den Fisch nach der *sanmai-oroshi*-Methode (Seite 28), wenn der Fisch dekorativ angerichtet werden soll.

3 Ein Geschirrtuch eignet sich bestens zum Abdecken.

4 Der Unterschied ist vielleicht auf dem Foto nicht so deutlich zu sehen, aber die Haut des überbrühten Filets ist stumpfer und weißer als die des silbrigen unbehandelten Filets.

Andere Fische mit festem, hellem Fleisch, die ebenso zubereitet werden, sind *zuzuki* (Sägebarsch), Schnapper und Meerbrassen. Die in Amerika vorkommenden Grunts und Umberfische können ebenso behandelt werden. Weil es so viele Arten gibt, ist »Würzen« ohne Bedeutung. Probieren Sie einfach aus, einen Fisch nach dieser Methode zuzubereiten.

MEERAAL
(anago)
UND
AAL
(unagi)

Unagi (Aal) wird vor der Verwendung für Sushi gekocht. *Anago* sind die berühmten Meeraale, allerdings können Sie davon nur kleine gebrauchen. Ein geeigneter *unagi* ist sogar noch kleiner und wiegt lediglich 150–180 g.

Unagi wird anders als die übrigen Fische filetiert. Am einfachsten ist es, den Kopf auf dem Schneidbrett festzustecken, so daß er mit dem Rücken zu Ihnen liegt. Schneiden Sie den Fisch am Rücken direkt über der Mittelgräte hinter dem Kopf ein und führen Sie das Messer bis zum Schwanz. Das Filet vorsichtig abheben und auf das Brett legen. Die Mittelgräte direkt hinter dem Kopf durchtrennen. Das Messer ganz flach halten und am Rückgrat entlang von vorn nach hinten schneiden. Mittelgräte und Eingeweide entfernen und die Haut mit dem Messerrücken abschaben. Waschen und trocknen. Alle verbliebenen Gräten mit einem sehr scharfen Messer entfernen.

Den *anago* mit der Hautseite nach unten 7–8 Minuten in eine kochend heiße Mischung legen, die zu gleichen Teilen aus Sojasauce, *sake*, *mirin* und Zukker besteht.

Unagi-Filets werden mit der Hautseite nach oben in Würfeln wie Kebab auf Spießen gegrillt, 5 Minuten gedämpft und dann abgetropft. Mit einer Sauce aus *mirin* und Zucker übergießen (etwa 1 Teil Zucker auf 3 Teile *mirin*), dann nochmals grillen, dabei zwei- oder dreimal übergießen.

Wenn Sie *anago* in der oben beschriebenen Flüssigkeit weitergaren, bis die Sauce einkocht, erhalten Sie eine siruppartig dicke, sehr aromatische dunkelbraune Sauce, die man *tsu-me* nennt. Lassen Sie die Brühe weiterkochen, und fügen Sie noch etwas Sojasauce, Zucker und *mirin* hinzu, wenn sie zu trocken wird. Die Sauce, die auch durch den Leim aus dem *anago* angedickt wird, träufelt man über alle möglichen Sushi.

1 Schaben Sie mit einem Messer den Schleim von der Haut. Die Bewegungsrichtung geht (vom Betrachter aus) von links nach rechts.

2 Die Grätenstränge heraustrennen.

3 Die Mittelgräte entfernen.

4 Das gekochte *unagi*-Filet ist erheblich kleiner als das rohe.

SEEIGEL
(uni)

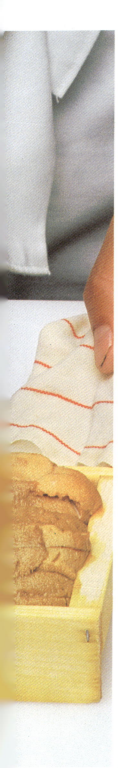

Das Innenleben eines stachligen *uni* (Seeigels) gilt in vielen Teilen der Welt als Delikatesse. Normalerweise ißt man den Rogen, der an der Innenseite des Gehäuses in fünf durchgehenden Strängen hängt, manche essen jedoch auch das Fleisch. Da *uni* leichter verdirbt als andere Schaltiere, sollten Sie, außer Sie bekommen lebende, besser küchenfertigen Rogen kaufen. Wie auf dem Foto gezeigt, wird er in Holzkästchen angeboten. Auch *uni* oder *neri uni* (Seeigelrogen) in Gläsern ist akzeptabel.

Um frischen *uni* zuzubereiten, spalten Sie die brüchige Schale mit einem schweren, scharfen Messer in zwei Teile. Ist das Messer zu klein oder stumpf, zerbrechen Sie die Schale, anstatt sie durchzuschneiden. Das wäßrige Fleisch sowie der in der Mitte sitzende Mund werden weggeworfen. Der gelbe Rogen des männlichen Seeigels ist eßbar, während die orangefarbenen Eier des Weibchens als Delikatesse geschätzt werden.

Weil uni *sehr weich ist, wird es meist als* gunkan-maki *(»Schlachtschiff«-Sushi) serviert. In den USA werden solche* uni-maki *gelegentlich mit Wachtelei garniert.*

Uni *bekommt man küchenfertig in Holzkästchen.*

HUMMER-KRABBEN (ebi)

Ebi (Hummerkrabben/Garnelen) werden traditionell gekocht serviert. Nur die allerfrischesten Garnelen werden roh gegessen. Der Trick besteht darin, die Hummerkrabben beim Garen mit einem ganz dünnen Spießchen gerade zu halten, wie auf den Fotos zu sehen. Spieße aus Edelstahl eignen sich am besten.

Waschen Sie die *ebi* gründlich, und entfernen Sie mit einem Zahnstocher, den Sie zwischen Glieder und Schale stecken, den Darm. Spießen Sie die *ebi* auf und werfen Sie sie in kochendes Wasser. Die *ebi* sollten zunächst auf den Boden sinken und dann, wenn sie gar sind, an die Oberfläche steigen. Nehmen Sie die *ebi* mit einer Schöpfkelle heraus, und werfen Sie sie in Eiswasser. Das macht es leichter, den Spieß herauszuziehen.

Schälen Sie die *ebi*, entfernen Sie die Beine und den Kopf, lassen aber den Schwanzfächer ganz. Schlitzen Sie den *ebi* auf und ziehen ihn zu einem »Schmetterling« auseinander, so daß die Innenseite oben liegt. Zugedeckt bis zur Verwendung im Kühlschrank verwahren.

Für Sushi werden verschiedene Arten von Garnelen verwendet. Sie müssen groß genug sein, damit es sich lohnt, dabei aber klein genug, um nicht unhandlich zu wirken. Man sieht gelegentlich den Heuschreckenkrebs, der roh oder gekocht angeboten wird. Rohe Garnelen werden genauso wie gekochte geschält und pariert. Man kann auch tiefgefrorene Hummerkrabben verwenden, doch dann sollte man die beste Qualität wählen.

1 Unten links beginnend, gegen den Uhrzeigersinn: roher *ebi*-Schwanz, gekochter *ebi* mit Spieß, gekochter *ebi* ohne Spieß.

2 Den *ebi* schälen. Ein Stück vom Schwanzende belassen; wie gezeigt schräg zuschneiden.

3 Die Unterseite des *ebi* aufschlitzen, aber nicht bis zum Rücken durchtrennen.

4 Den *ebi* wenden, so daß ein »Schmetterling« entsteht.

RÄUCHER-
LACHS

Räucherlachs kann man eigentlich nicht als traditionelle japanische Sushi-Zutat bezeichnen. Im Gegenteil, er ist in Japan sogar unter dem englischen Begriff »smoked salmon« bekannt.

Nehmen Sie feinen, durchscheinenden, schonend geräucherten Lachs (schottischer oder kanadischer Räucherlachs). Schneiden Sie ihn in dünne Scheiben, und setzen Sie ihn für die Rainbow Roll (Seite 66) oder als Garnitur zu Rogen oder *uni* (Seeigel) ein.

Bei uns im Yamato-Restaurant ist Räucherlachs sehr beliebt als Zutat der koscheren Rolle, die mit Frischkäse und nach Belieben entweder mit *wakegi* (Lauchzwiebel) oder Gurke hergestellt wird.

> Zu Hause können Sie eine koschere Rolle mit preiswerten Räucherlachsstücken oder Lachspastete zubereiten, anstatt ganze Lachsseiten zu kaufen. Man kann so auch Sushi sehr gut Menschen nahebringen, die rohen Fisch nicht mögen.

1 Stellen Sie die Rolle nach der auf Seite 50 beschriebenen Grundtechnik her. Beginnen Sie mit der Gurke bzw. Lauchzwiebel oder beidem.

2 Dann kommen Räucherlachsstreifen dazu. Seien Sie nicht geizig damit, sonst wird der Geschmack von den übrigen Zutaten erschlagen.

3 Schneiden Sie den Frischkäse in Streifen von ca. 5 cm Durchmesser und legen Sie diese neben den Lachs. Rollen Sie das Ganze auf.

4 Halbieren Sie die Rolle, und legen Sie die beiden Teile nebeneinander. Nun noch zweimal zerteilen, so daß sich 6 Bissen ergeben.

PIKANTE SUSHI

Bei pikanten Sushi sollte man auch kräftig aromatische Fische wie Thunfisch, Blaufisch (Bonito) und Gelbschwanzfisch, sogar Haifisch verwenden, denn sonst hat der Fisch kaum eine Chance, sich gegen die übrigen Zutaten durchzusetzen.

Traditionell sind *wasabi* (japanischer Meerrettich) und Essig die einzigen Gewürze bei der Sushi-Zubereitung. In den letzten Jahren erfreuen sich allerdings auch pikante Sushi zunehmender Beliebtheit.

Die wichtigsten Gewürze sind eine Paste, die aus scharfem rotem Pfeffer, Salz und Wasser gemacht wird, und in manchen Restaurants Sesamöl. *Wakegi* (Lauchzwiebeln) werden ebenfalls eingesetzt, um fade Speisen »aufzupeppen«. Das Aroma von *daikon*-(Rettich-)Sprossen ist apart und erinnert an Senfsprossen oder Kresse, ist jedoch viel schärfer.

Wenn Sie nicht zufällig ein Fan sehr scharfer Speisen sind, sollten Sie diese Würzmittel zunächst sparsam einsetzen.

Während eine scharfe Marinade bei *nigiri-zushi* (handgeformten Sushi) leicht Lippen und Zunge verbrennen könnte, verwendet man meist die *maki*-Methode dazu. In den Rollen können sich die Aromen gut vermischen, bevor sie mit geballter Kraft die Geschmacksknospen attackieren. Man kann pikante *maki* entweder als »auf links gedrehte« oder normale Rolle zubereiten. Zwei beliebte Versionen pikanter Sushi werden im Yamato wie folgt gemacht:

Pikante koschere Rolle

Die koschere Rolle wird wie im Kapitel über Räucherlachs (Seite 82) beschrieben hergestellt, doch mit *wakegi*, reichlich *goma* und dem Käse; der Lachs wird allerdings in einer Mischung aus scharfer Pfeffersauce und Sojasauce mariniert. Das Aroma kann so kräftig geraten, daß man den Räucherlachs auch weglassen könnte.

Pikanter Thunfisch

1 In einer Schale Sojasauce und scharfe Pfefferpaste mischen.

2 Eine winzige Menge gehackten *wakegi* hinzufügen. Den Thunfisch darin marinieren.

...arinierter pikanter Thunfisch wurde hier für eine ...eine maki verwendet.

TINTENFISCH
(ika)

Traditionell ist *ika* (Tintenfisch) ein sehr wichtiger Sushi-Belag, allerdings wurde er bis vor kurzem stets gekocht. Roher *ika* ist bleich-weiß, und sein »Biß« sagt nicht jedem zu. Gekochter *ika* weist eine purpurrote Haut auf, die einem gekochten Oktopus ähnelt. Viele moderne Sushi-Restaurants bieten beide Varianten an.

Anders als beim *tako* (Oktopus, Krake), dessen Fangarme den wichtigsten Teil darstellen, wird vom *ika* im der Regel der Körper zu Sushi verarbeitet.

Zum Parieren eines frischen *ika* nimmt man den Körper in eine Hand, die Fangarme in die andere. Wenn Sie Ihre Hände in Salz tauchen, können Sie den Tintenfisch besser festhalten. Ziehen Sie Körper und Fangarme auseinander, die Tentakel lassen sich zusammen mit den Eingeweiden ablösen.

Säubern Sie den Körper gut mit reichlich Salz. Entfernen Sie die Seitenflossen und die dicke Außenhaut, waschen Sie den Tintenfisch und trocknen Sie ihn gut. Man kann ihn so, wie er ist, roh oder gekocht weiterverarbeiten.

Zum Kochen kann man einerseits den beutelförmigen Körper an einer Seite aufschlitzen und flach ausbreiten. Diagonal über Kreuz alle 5 cm Einschnitte machen. Diese »Kiefernzapfen«-Methode hat zwei Aufgaben. Zum einen rollt sich der Tintenfisch beim Kochen nicht zusammen, zum anderen wird die Struktur des Fleisches verbessert. Das eigentliche Kochen geht ganz schnell. Man wirft den Tintenfisch in einen großen Topf mit kochendem Wasser und läßt ihn 15 Sekunden lang ziehen, nimmt ihn dann heraus und läßt ihn abkühlen.

Verwenden Sie diesen »Kiefernzapfen«-*ika* als Außenschicht einer Rolle. Legen Sie *ika* mit *nori* (Purpurtang) aus und füllen ihn mit blättrig geschnittenen *Shiitake*-Pilzen und gewürztem *kampyō* (Seite 34/35), Weißfisch, Zuckerschoten und Sushi-Reis. Anschließend mit einer *makisu* aufrollen, in Scheiben schneiden und servieren.

Baby-*ika* werden manchmal im ganzen in einer Mischung aus reduzierter *dashi*-Brühe, Sojasauce, *mirin* und Zucker gekocht.

TEMAKI

1 Eine beliebte *temaki* im Yamato ist die »Salmon Skin Roll« (Lachshautrolle), bei der ein Stück Lachs mit Haut verwendet wird.

2 Dann wird der Lachs in Streifen geschnitten.

3 Ein halbes Blatt *nori* wird mit Reis bestrichen, dann mit Lachs und Gemüse belegt.

Da der Reis bei einer *temaki* nicht sehr fest zusammengedrückt wird (die Rolle enthält meist nicht mehr Reis als ein Stück *nigirizushi*), sind *temaki* nicht so sättigend wie andere Sushi und deshalb ideal, wenn Sie auf Ihr Gewicht achten. Man kann sie sogar in etwas anderes als *nori* einwickeln; vor allem aus Römersalat lassen sich leichte Rollen zubereiten.

Wie viele andere Dinge in diesem Buch sind auch *temaki* eine relativ neue Erfindung im Zusammenhang mit Sushi. Diese Rollen werden von Hand ohne Zuhilfenahme einer *makisu* (Bambusmatte) gerollt. Dennoch haben sie rasch Liebhaber gefunden. In einigen japanischen Sushi-Bars können die Gäste eine *temaki*-Mahlzeit bestellen, die aus einem Kasten Reis und *nori* (Purpurtang) sowie einem Sortiment von Sushi-Zutaten besteht, darunter Fisch, *kampyō* (getrockneter Kürbis), und eingelegte Gemüse.

Das kann man auch zu Hause machen. *Temaki* sind eine hervorragende Idee für ein Sushi-Buffet, von dem sich Ihre Gäste nehmen können, was sie mögen. Jede in diesem Buch beschriebene Zutat eignet sich dafür. Das Angebot könnte Thunfisch, eine Schale mit scharfer Pfeffermarinade (Seite 84), Hummerkrabben, *kampyō*, Gurke oder *gari* (eingelegter Ingwer) und *wasabi* (japanischer Meerrettich) umfassen.

Manche Leute experimentieren mit Zutaten wie gekochtem Hähnchen, rohem oder blutig gebratenem Rindfleisch, Schinken, Frischkäse oder *daikon*-Sprossen. *Temaki* bietet sich auch für Tests mit Zutaten wie *fuki* (gekochter, gesalzener Huflattich, den man in Dosen bekommt) an.

Sie können auch weiche und halbflüssige Zutaten wie Rogen und *uni* (Seeigel) verwenden, wenn Sie die *temaki* wie ein Hörnchen formen, so daß der Reis den unteren Teil ausfüllt und der Belag darauf liegt. Ein halbes Blatt *nori* eignet sich dafür am besten, Viertelblätter dagegen sind geselliger.

4 Die Rolle läuft etwas spitz zu, damit der Inhalt am anderen Ende herauslugen kann.

TIGERAUGE

1 Einen parierten rohen Tintenfisch so einschneiden, daß er eine Röhre bildet, ohne dabei die Seiten aufzuschlitzen.

Das Tigerauge ist ein »Phantasie-Sushi«, wie sie *itamae* gern entwickeln, um ihre Virtuosität unter Beweis zu stellen. Für die Zubereitung braucht man etwas Zeit und Geschicklichkeit.

3 In die Mitte der Lachsscheibe einen Streifen *kamaboko* legen, darauf eine auseinandergeklappte Hummerkrabbe (siehe Seite 80).

2 Auf ein halbes Blatt *nori* (Purpurtang) soviel Räucherlachs legen, daß etwa die Hälfte des Blattes bedeckt ist. Der Lachs sollte bis zum Rand, aber nicht weiter reichen.

4 Eine zusätzliche Schicht Räucherlachs vervollständigt die Füllung fürs erste.

5 Das *nori*-Blatt aufrollen und dann abschneiden, was übersteht, wenn die Rolle nicht ganz in den Tintenfisch passen sollte.

6 Die *nori*-Rolle vorsichtig in die Tintenfischröhre schieben.

7 Jetzt sitzt die *nori*-Rolle noch locker im Tintenfisch. Damit der Tintenfisch sich darum zusammenzieht, wird das Ganze ein paar Minuten gegrillt.

*Das fertige Tigerauge zum
Servieren in Scheiben schneiden*

Katsuo, als nigiri-zushi *serviert.*

THUNFISCH (*maguro*), GELBSCHWANZFISCH (*hamachi*), BLAUFISCH (*katsuo*) UND SCHWERT-FISCH (*ma-kajiki*)

Maguro (Thunfisch) und *hamachi* (Gelbschwanzfisch) sind die beiden klassischen Sushi-Fische. Beide werden meist in gleicher Weise zubereitet, das heißt in Form von schräg geschnittenen Streifen als *nigiri-zushi* (handgeformte Sushi). Thunfischstücke werden aber auch häufig für *maki* verwendet.

Beide Fische sind groß und fett, wobei sich das Fett vor allem auf die Bauchgegend konzentriert. Sushi aus diesen beiden Fischarten unterscheiden sich erheblich in Geschmack und Preis.

Ein Beispiel: Der fetteste Teil des *maguro* wird als *ōtoro* bezeichnet und gilt heute als erste Wahl aller Thunfischstücke. Er ist dunkler als das magere orangefarbene Fleisch namens *chutoro*. Das rote Fleisch rund um die Mittelgräte am Rücken heißt *akami*. Ebenso wie der *hamachi* wird der *maguro* nach der *gomai-oroshi*-Methode in fünf Teile filetiert, wobei auf jeder Seite die Filets längs in zwei Teile *(cho)* geschnitten werden.

Hamachi ist etwas kleiner als *maguro* und weist nicht so viele unterschiedliche Qualitäten auf. *Hamachi-zushi* aus dem oberen *cho* werden normalerweise so geschnitten, daß ein Streifen oder eine Ecke dunkler gefärbt ist *(chiai)*. Wer gern kräftige Sushi ißt, wird hiervon begeistert sein, doch manche finden es zu »fischig«. Sushi aus den unteren *cho* weisen diesen Streifen nicht immer auf.

Katsuo (Blaufisch, Bonito) ist eine in Kalifornien beliebte Thunfischvariante mit dunkelrotem Fleisch. Er ist noch kleiner als ein *hamachi*. Katsuo wird manchmal auf Spießchen am offenen Feuer geröstet, dann rasch in Eiswasser abgekühlt und sofort für Sushi oder Sashimi zurechtgeschnitten.

Ma-kajiki (Schwertfisch) war einmal der beliebteste Fisch für Sushi, hat jedoch etwas an Beliebtheit verloren. Diese großen, 2 m langen Fische werden genauso zubereitet wie ein *maguro* oder *hamachi*. Das Fleisch wird beim Kochen weiß, weist jedoch roh einen bräunlichen Schimmer auf.

Wenn man katsuo über offenem Feuer röstet, verkohlen die Bambusstäbchen am Ende, aber das ist immerhin besser, als wenn Sie sich die Finger verbrennen!

Maguro *als* nigiri-zushi *angerichtet.*

DIE VIER JAHRESZEITEN

Die Japaner erleben die vier Jahreszeiten sehr bewußt. Eine der klassischen Anforderungen an ein *haiku* (die japanische 17-silbige Gedichtform) ist, daß es auf die Jahreszeit anspielt, in der es geschrieben wird. Das Problem ist nur, daß in einer Welt, in der Sushi per Luftfracht transportiert werden, die Jahreszeit längst nicht mehr die Bedeutung besitzt wie früher einmal.

Auch das Einfrieren macht einen großen Unterschied aus. Wenn Fettfisch innerhalb weniger Stunden oder sogar Minuten nach dem Fang tiefgefroren wird, wie dies auf den modernen schwimmenden Fischfabriken der Fall ist, kann er ohne weiteres aufgetaut und sogar für Sushi verwendet werden. Beim Gelbschwanzfisch (der in Japan gewerblich gezüchtet wird), kann man den Unterschied bei frischen Fischen kaum feststellen. Magere Fische können allerdings durch Einfrieren sehr leiden.

Das wichtigste ist aber, daß bestimmte Fischarten das ganze Jahr über erhältlich sind, doch daß der Preis im Winter (wenn die Fischer nicht gern hinausfahren) manchmal doppelt so hoch ist wie im Sommer. Normaler Thunfisch in *chutoro*-Qualität kostet oft das Doppelte, wenn nicht sogar das Drei- oder Vierfache eines Filetsteaks.

Außerdem werden von manchen Fischsorten im Laufe des Jahres unterschiedliche Qualitäten angeboten. Der Thunfisch aus Meiji beispielsweise soll im Sommer am besten sein, der aus Boston jedoch im Herbst. Während Seeigel aus Kalifornien im Sommer und Herbst als besonders wohlschmeckend gelten, sind die aus Maine vor allem im Winter und Frühling schmackhaft. Wenn ein Fischhändler sich die Mühe macht, die Herkunft seiner Waren zu kennzeichnen oder auch nur zu wissen, wird er Ihnen auch genau sagen können, was gerade besonders gut ist.

Weil dieses Buch so angelegt ist, daß es auf der ganzen Welt gelesen wird, kann man keine sinnvollen Ratschläge für die einzelnen Jahreszeiten geben, denn es kommt auf die örtlichen Gegebenheiten an. Am besten finden Sie durch Erfahrung heraus, welcher Fisch zu welcher Jahreszeit besser schmeckt als zu anderen. Wenn Sie sich die Kenntnisse eines verläßlichen Fischhändlers zu eigen machen und in einer guten Sushi-Bar verkehren, deren *itamae* Ihnen Empfehlungen gibt, müßten Sie innerhalb eines Jahres schon eine Menge über die Jahreszeiten in Ihrer Gegend in Erfahrung bringen.

Als wirklich *ganz* allgemeiner Tip kann man sagen, daß Kaltwasserfische meist im Herbst am besten schmecken, wenn sie sich für den Winter eine Speckschicht anfressen. Warmwasserfische dagegen sind meist im Frühling und Sommer am leckersten, wenn sie reichlich Futter finden und groß und stark werden. Im Winter werden wahrscheinlich Fettfische wie Makrelen und Heringe gut schmecken. Plattfische sind oft im Frühling zu empfehlen.

Bei den Schaltieren ist der Sommer für manche Arten eine erstaunlich gute Phase. Die alten Vorurteile gegen den Verzehr von Meeresfrüchten in der warmen Jahreszeit beruhen mehr auf der Angst vor verdorbenen Stücken als vor geschmacklichen Einbußen. Oktopus und Tintenfisch schmecken im Winter und Frühling besonders gut, Hummerkrabben und viele Venusmuscheln im Winter.

Die größte Auswahl hat man in der Regel im Frühling. Das wenigste wird im Winter geboten, der Herbst liegt irgendwo dazwischen.